日本の公的統計・統計調査

第三版

立教大学
社会情報教育研究センター

はじめに～本書の目的と構成～

　複雑化する社会において，個人，団体に関わらず様々な場面で不確実性や制約条件の下で意思決定を行う場面がある。意思決定を行うには，自らが現在置かれている状況を正確に理解する必要があり，現状理解のためには適切な方法で蒐集されたデータを吟味し，関心のある情報を抽出する必要がある。

　社会における統計の重要性は年々増す一方である。国際情勢を見ても近年社会における無形資産の重要性が急速に高まっており，グローバル化も進展して生産性やグローバルバリューチェーン（GVC）といった，新たな分野で統計の構築が進められてきている。日本では2007（平成19）年の統計法全部改正以来，公的統計の整備，再整備に社会的な注目が集まっている。民間のデータが爆発的に増え，年々データに基づく分析やAIといった分野のすそ野が広がりつつある。公的統計の二次的利用制度（ミクロデータ）は2007（平成19）年から徐々に制度が開始された。その後2018（平成30）年に統計法が再改正，2019（令和元）年5月から施行され，二次的利用制度が一層拡充された。海外で一般的なリモートアクセス法（PCから管理された政府サーバーにアクセスする方法）によるサービス提供も待たれる。政府自治体からの調査票利用申請や研究目的でのオンサイト施設利用が増えている。

　公的統計は「公的」と書かれていることからわかるように，その作成手続きや目的・意義に関して公的な性格を持っている。正確な統計を作成することは当然，有用な統計を効率的に作成することが求められている。

　公的統計を利用して社会を把握するにはまず，統計情報がどのような理念，体系によって成り立っているのか，利用にどのようなルールがあるのかを知ることから始めなければならない。統計情報の有用性を理解していても，それらを入手できなければ貴重な情報の前で足踏みすることになる。さらに，手に入れた統計情報を適切に読み取り理解する力も求められる。

　政府その他公的な機関によって作成される統計は公的統計（Official Statistics）と総称され，2000年代初めまで使われてきた，政府統計と区別されるようになった。日本銀行は公的統計に含まれるが，政府統計には入らないといった違いがある。日本の統計作成は戦前からであるが，政治的中立性を持ったのが事実上戦後からとなるため，統計作成の歴史が浅い。欧州のように統計学成立以前から行政データが充実してきた地域と異なり，日本では依然として行政データの利用実態は進んでいない。また統計作成機関の位置付けもあいまいなまま，データ作成機関が増え続けるといった問題も出ている。

例えば，内閣官房・内閣府・自治体の地方創生担当部局のうち，RESAS のようなデータ作成担当者は統計作成機関に位置付けられていないのにデータ作成に従事している。また政府内マクロモデル運用部局も統計作成機関に位置付けられていない。統計法で想定された「体系的な統計作成」という理想とは程遠い，全体としての統制が取れていない無責任な組織実態に近くなっていないか，疑問を感じざるを得ない。分散型であることの戦略的な統制を示す証拠は本書でも示すことはできないのであるが，本書は公的統計のうち，主に政府統計の現状や要点を示すことを目的としており，統計分野の問題の多くは省くことにした。そうはいっても公的統計の現状への理解もまた大変重要となる。

2018（平成 30）年 12 月に発生した毎月勤労統計問題からも，統計作成の担当者が短時間の異動を繰り返し専門性が根付かない問題や，全体としての統制が疑われる事例が頻発した。毎月勤労統計では雇用保険の修正を通じて被用者 1 千万人以上に影響し，滅多にない政府予算の事後修正や GDP 統計の推計やり直しも実施され，公的統計の社会的な信頼が揺らぐ事態となった。現在の公的統計がどのような問題を抱えているのかを知るにも，その制度や法的根拠，そして統計を正しく取ることの必要性を大勢の人々が端的に理解することが重要である。

本書は，公的統計を中心に，統計および統計調査について，その成り立ちから法的根拠，仕組みを解説する。さらに，代表的な公的統計によって作成される各種指標の見方，およびデータ加工の方法を理解することによって，公的統計から社会を適切に観察・評価する力を養うことを目的とする。

本書は，「A 統計の基本」「B 公的統計調査の実務」「C 主要な統計」「D 統計データ分析」の 4 つの章からなる。「A 統計の基本」では，我が国の公的統計がどのような法的根拠によって成り立っているのかを解説する。2018（平成 30）年の統計法改正も踏まえ，拡大した統計データの公開・利用についても解説する。「B 公的統計調査の実務」では，我が国の統計作成の仕組み，および調査統計の作成手順を解説する。さらに統計調査員の役割，実務を理解し，適切に管理することは統計調査の成否にかかわる重要な事項である。「C 主要な統計」では，我が国の公的統計の中でも特に重要な統計の特徴，およびそれらを用いて得られる重要な指標等についてまとめた。「D 統計データ分析」では，公的統計の公表時に用いられる基本的な統計データの分析，表示方法について解説する。本書は，一般財団法人統計質保証推進協会が定める統計検定® [1] 統計調査士資格の試験対策用の教材としても利用できる。統計調査士は，統計の役割，統計法規，公的統計が作成される仕組み等に加えて，主要な公的統計データの利活用方法に関する正確な知識を持つことを証明する資格である。本書の A~D までの大項目は統計調査士試験の出題分類とおおよそ対応している。

本書は 2011（平成 23）年頃から大学生向けの統計調査士の対策資料として準備が始められ，大学で印刷したものを配布するプロセスを数回経た。2019（令和元）年まで

学内で「統計調査士対策コンテンツ」として利用されてきたが，最終的に名称を改め，統計検定の主催元の一般財団法人統計質保証推進協会に著作権使用の承認を届け出て正式に出版・外販する運びとなった。今回の第3版はCOVID-19期間の制度変更を反映した。

　本書は公的統計の基礎の解説書であり，なるべく前提知識を必要としないように作成したが，公的統計の仕組みや体系を理解するには，法律の基本的な読み方，経済学，統計学など様々な分野の基礎知識が必要となる。本書の内容のさらに基礎となる知識や，本書の発展的知識を学びたい場合は，巻末に示した参考書籍にあたってほしい。本書の読者の公的統計に対する理解が深まることを通じて，「国民が国の実態や課題を理解するのを助けることにより民主社会の基盤を形成する」という公的統計の主目的を達成することの一助になれば幸いである。

社会情報教育研究センター政府統計部会著者一同

1）統計検定® は一般財団法人統計質保証推進協会の登録商標です。

目　　次

A　統計の基本

B　公的統計調査の実務

C 主要な統計

D 統計データ分析

付　録

A 統計の基本

第1章　統計の役割

1　統計とは

(1) 統計の基礎概念

　「統計」という言葉は，多くの意味で用いられる。広義の「統計」は統計資料，統計方法，統計学を含む。公的統計，統計調査などの用法で用いられる場合，「一定の条件（時間，空間，標識）で定められた集団について調べた（あるいは集めた）結果を集計・加工して得られた数値」ととらえられる（『統計実務基礎知識』p.2 より）。一般的なイメージとしては，集団の性質，傾向を表す数的データを意味する用語として使われている。社会科学的な狭義の「統計」は上記の統計資料を中核として限定的に利用する。

　日本で「統計」という言葉が学問領域や行政の領域で利用されるようになったのは，Statistik の訳語として「統計」が利用されるようになってからである。統計法では，用語の定義（逐語解説）があるが，「統計」については自明のものとされ，その定義は明記されていない。

(2) 統計の展開

　人口や農作物生産などは国家を支える重要な情報であり，国情を知ることは国家政策の重要な要件と位置づけられた。古代国家から為政者は治める土地の人口や生産量を知ることで兵役や徴税政策を決定していた。近代以降も様々な観点から統計を取り社会を理解する方法が発達した。また，確率論を基礎とした数理統計学の登場により，限られた情報から社会全体の様子を推測する方法も考案された。以下は，公的統計・統計調査の発展に重要な役割を示した主要な出来事である。

- 17 世紀：ハレー（Edmond Halley: 1656–1742）による生命表の作成。
- 18 世紀：ペティ（Sir William Petty: 1623 –1687）により広められた『政治算術』で人口，産業と国力の関係を分析。
- 19 世紀：ドイツの「国状学」，イギリスの「政治算術」，フランスで成立した「確率論」を源流とし，ケトレー（Lambert Adolphe Jacques Quételet: 1796–1874）により統合された。統計が学問形態をとるようになったのは，これ以降とされる。以降の統計学は，「社会統計学」と「数理統計学」に

1

分化。

- 1854 年：ナイチンゲール（Florence Nightingale: 1820–1910）がクリミア戦争の看護婦として従軍。のちにイギリス兵の戦死者のデータを分析し，病院内の不衛生による死者数が多いことを指摘。
- 1925 年：フィッシャー（Sir Ronald Aylmer Fisher: 1890–1962）による標本理論，分散分析等を体系化した書籍が刊行される。1935 年には実験計画法も体系化。
- 1936 年：アメリカ合衆国 32 代大統領選挙における選挙予測を機に標本調査の手法が発達。
- 1973 年：産業連関分析でレオンチェフ（Wassily Leontief: 1905–1999）がノーベル経済学賞を受賞。

　我が国においても，古代より土地や人口についての統計調査は多く行われていた。全国的な戸籍としては，飛鳥時代に編纂された「庚午年籍」「庚寅年籍」などがある。

　明治以降に，中央集権国家の下で日本全体の統計を取る機関が組織されていった。1869（明治 2 ）年 4 月に日本の政府機構が太政官 7 官制となる。その後いくつかの改組を経て，それぞれの省に統計作成機関が設置されるようになる。

- ・1871（明治 4 ）年 7 月：大蔵省に「統計司」設置（翌 8 月に統計寮と改名）
- ・1871（明治 4 ）年 12 月：太政官正院に「政表課」設置（課長は杉亨二）
- ・1872（明治 5 ）年 5 月：海軍省会計局出納課に「統計係」を設置
- ・1872（明治 5 ）年 6 月：工部省造船寮等に「統計課」を設置
- ・1874（明治 7 ）年 1 月：内務省に「地理寮」と「戸籍寮」設置
- ・1880（明治 13）年 6 月：陸軍省総務局に「報告課」を設置
- ・1881（明治 14）年 6 月：農商務省の各局に「統計課」を設置

　現在と同じく，各省が独自の統計作成の機能を担う分散型の統計作成機構を形成した。太政官正院の政表課は中央統計局として機能し，各省の業務統計の所掌，各県からの資料の収集および集計を行い，全国的な統計を作成していた。明治初期には省庁の再編が続き，政表課もその名前や所管が幾度も変わり，1881（明治 14）年には「統計院」と改称され，9 つの課からなる大きな組織となった。

　また，廃藩置県後の 1872（明治 5 ）年には**戸籍法**に基づいて人口の集計を開始し，本格的な人口把握がはじまった。一方でセンサス（全数調査）による人口把握はしばらく行われず，戸籍による人口把握に頼っていた。太政官統計掛（のちの統計院）の杉亨二を中心に全国的なセンサスを行うための試験調査として 1879（明治 12）年から「**甲斐国現在人別調**」を実施，その結果を 1882（明治 15）年に刊行した。これが我が国初の近代的な公的統計調査となる。

1885（明治18）年の内閣制度発足に伴い，内閣に「統計局」を設置した。統計局の尽力により，国内での人口センサス（国勢調査）の必要性が説かれ，1902（明治35）年「国勢調査ニ関スル法律」が成立する。しかし，国内情勢や国際情勢の不安定から，国勢調査の優先順位は低く，実施に至るまでに多くの時間を要した。1920（大正9）年になって第1回国勢調査が実施された。この年には統計の総合調整機関である中央統計委員会が設置された。中央統計委員会は1940（昭和15）年に廃止されたが，戦後にアメリカの指導により，新たな統計の総合調整機関が設置された。

（3）統計の種類

統計はその作成主体や作成手順等によりいくつかの分類方法がある。統計を作成するために行う調査（統計調査）も，統計の分類に伴っていくつかの種類に分類される。

実施主体による分類（公的統計・民間統計）

2007（平成19）年に全部改正された新統計法では，**「公的統計」**が定義されている（英語のOfficial Statistics に相当）。公的統計とは**「国の行政機関，地方公共団体又は独立行政法人等が作成する統計」**を指す。さらに「独立行政法人等」は，独立行政法人のほか統計法施行令によって日本銀行，日本年金機構など17種の法人が指定されている。旧統計法では，新統計法のもとでの「公的統計」に相当する定義はなく，一般に「政府統計」あるいは「官庁統計」と呼ばれた。

公的統計とは異なり，民間の企業，業界団体，研究機関等が作成する統計を民間統計という。研究機関が行う統計で公的な性格を持つものであっても，政令で定めた機関以外が作成したものはすべて民間統計である。

作成手順による分類（一次統計・二次統計／調査統計・業務統計）

統計は，その作成手順によって調査統計，業務統計，加工統計の3種に大別される。調査統計は統計作成のために調査を行いその回答を集計することによって得られる統計を言う。調査統計の作成のために行われる調査を「統計調査」という。業務統計は，行政事務で作成された情報を集計して得られる統計である。作成に当たって調査統計のような統計調査を行うわけではなく，役所に提出された書類等が集計される。加工統計は，既存の調査統計や業務統計を加工・再集計して得られる統計であり，二次統計ともいう。それに対し，調査統計・業務統計は直接蒐集した情報をもとに得られる統計のため，一次統計といわれる。

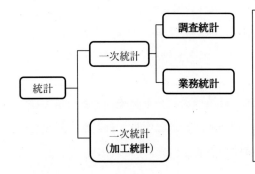

調査統計：調査によって得られる統計。統計作成
　　　　　のための調査（統計調査）を行う。
業務統計：行政事務で作成または取得した情報を
　　　　　集計して得られる統計。役所に提出さ
　　　　　れた書類などを一次情報とする。
加工統計：既存の一次統計を利用して集計・再加
　　　　　工して得られる統計。

統計法上の分類（基幹統計・一般統計）

　公的統計の中で，その中核をなす特に重要な統計を**基幹統計**という。統計法二条でその定義がなされている。国勢統計，国民経済計算，その他総務大臣が定めるものとし，基幹統計を作るための調査を「基幹統計調査」と呼び，基幹統計以外の統計調査を「一般統計調査」と呼ぶ（重要ではないという意味ではない）。

調査対象の状態による分類

　静態統計または構造統計（ストック統計）は調査対象の一時点の現在量を示す。動態統計（フロー統計）はある期間における発生量・変化量を示すための統計である。

統計調査の分類

　調査統計を作成するための調査も，その作成主体や性格によりいくつかの分類がある。以下は代表的な分類である。

「基幹統計調査」と「一般統計調査」

　統計法によって，基幹統計作成のために行われるのが基幹統計調査，一般統計作成のために行われるのが一般統計調査と定められている。基幹統計調査と一般統計調査は統計法の中でそれぞれ異なる規定があり，基幹統計調査はその重要性から，多くの事項が定められている。

「全数調査（Census）」と「標本調査（Sample Survey, Survey）」

　調査対象者の選定による分類。関心のある集団のすべてを調査対象とするのが全数調査，一部を抽出して調査するのが標本調査。詳細は第4章「標本調査の基礎」を参照。

「構造調査」と「動向調査」

　ある時点での対象集団の**構造**を明らかにすることを目的とするのが構造調査，一定の間隔での集団の**変化**を明らかにすることを目的とするのが動向調査。構造調査によってストック統計が作成され，動向調査によってフロー統計が作成される。

「横断調査（cross sectional survey）」と「縦断調査（longitudinal survey）」

　複数の集団に対して一時点の調査が横断調査，同一の集団に繰り返し行う調査が縦断

調査。縦断調査のうち，調査対象を完全に同一にして複数時点調査することをパネル調査という。

> 「周期調査」と「経常調査」

調査周期による分類。調査間隔が1年を超える調査が周期調査，調査間隔が1年以内（月，四半期，年）の調査が経常調査。

2 統計の意義

(1) 統計の意義

統計の定義を簡単に言い換えると，統計とは，「客観的なデータを一定の方法でたくさん集め，数値を用いて，社会全体がどのような姿をしているかを明らかにするもの」であることから，「統計は現在をうつす鏡」といわれる。

近代以前は，国家・為政者が徴税や徴兵のための基礎として，人口，土地面積，農作物生産などに関する資料を作成した。古代国家における人民登録制度，律令制度，太閤検地などがその例である。近代以降は，行政施策の基礎資料としての性格を強め，とりわけ公的統計（公的統計に関しては第2章統計法規を参照）には次の3つの重要な役割がある（総務省統計局ウェブサイト「統計の意義と役割」より）。

1. 政策の立案や遂行のための基礎資料となる。
2. 企業や国民に等しく情報提供をすることにより，大学での研究活動や経済活動に役立つ。
3. 国民が国の実態や課題を理解することを助けることにより，民主社会の基盤を形成する。

我が国の統計法，統計作成システムも，これらの意義・役割に沿うように作成されている。特に現代の統計は，行政機関のみではなく，企業，国民といった経済，社会にかかわる主体が積極的に統計を利用し，意思決定の材料にしていくことが期待されている。そのため，中立的かつ信頼に足る統計を作成し，それらを広く社会に公表し，利便性を高めていくことが求められている。

(2) 統計と社会のかかわり

前項の目的に沿い，公的統計で得られる情報は様々な場面で利用されている。例えば，各種法令に基づく利用として，**国勢調査**や**消費者物価指数**（CPI）が挙げられる。

衆議院選挙区の改定には直近の国勢調査を利用すると定められている（衆議院議員選挙区画定審議会設置法第3条）。また，人口等の情報を根拠とした地方交付税交付金の算出（地方交付税法第12条），政令指定都市，または市となるための要件（地方自治法第8条）等にも人口の情報が利用される。

また消費者物価指数（CPI）は年金額の改定率の改定基準に用いられる（国民年金法

第27条の2，厚生年金保険法第43条の2，国家公務員共済組合法第72条の3）。これは国の財政に対して影響を与える。

　行政上の施策への利用として，土地利用計画や総合開発計画等の企画・立案の基礎資料となるほか，男女共同参画に関わる事項（無償労働の評価に利用されたことがあった）の基礎資料，都市・交通問題にかかわる事項（首都圏への通勤・通学人口，時間，利用手段）の基礎資料にもなる。最近では，遠隔操作または自律式の小型無人飛行機（ドローン）の飛行禁止区域として国勢調査の集計で定義される「人口集中地区」が指定された。

　さらに国の経済活動全体の把握（国民経済計算），政府の景気判断（月例経済報告，景気動向指数）の基礎資料として，また，行政機関の施策の報告・評価（白書類）に利用される。

　統計情報は政府機関のみならず民間においても幅広く利用されている。例えば，市場調査や経済波及効果分析等の統計的分析活動の基礎的計数として，国や地方公共団体の各種統計が利用される。学術的には，社会調査の対象者抽出には国勢調査等によって得られた法定人口が参照され，同時にサンプルの代表性の評価基準としても用いられる。

第2章　統計法規

1　統計法の基本的内容

（1）統計法の果たす役割，統計法の目的と理念

　統計行政の推進のため，一定の目的に従って枠組み・規則を定める統計法規が定められる。統計行政の推進のために，公的統計には以下の5点のような性格が求められている。

1. 中立的で正確な統計を作成し，作成した統計が信頼できるものであるという評価を担保する
2. 作成方法やデータ利用方法を体系化し，比較可能性を高めて利用しやすい統計を作る
3. 調査の重複を防ぎ効率的を高め，調査対象（国民や企業）に過度の負担を強いない方法を確立する
4. 調査票情報等の利活用の推進をはかり，統計データを学術研究，教育などの分野に役立てる
5. 統計作成に際し，秘密の保護を徹底することで統計行政の信頼性を高める

　これらの目的を果たすための我が国の統計に関する基本法が**統計法**（2007（平成19）年法律第53号）である。統計法は公的統計に関する基本理念，ルールを定めた法律であり1947（昭和22）年に定められた旧統計法（1947（昭和22）年法律第18号）を全部改正したいわゆる「新統計法」である。改正以前の統計法を一般に「旧統計法」と呼び区別する。統計法の改正は，旧統計法が社会の現状と大きく乖離してきたこと（産業構造の変化（サービス化の進展）や調査環境の変化（統計意識の変化，プライバシー意識の高まり），情報処理技術，ICTの発達に伴う統計ニーズの高度化・多様化の進展）に対応するために行われた。統計法の構成は表のとおり。各章について重要なポイントを押さえていく。なお，統計委員会に関する事項は第3章に記述する。

7

新統計法のポイント

統計法の目的と理念は，それぞれ第1条と第3条に以下のように記されている。

（法律の目的）

> 第一条　この法律は，公的統計が国民にとって合理的な意思決定を行うための基盤となる重要な情報であることにかんがみ，公的統計の作成及び提供に関し基本となる事項を定めることにより，公的統計の体系的かつ効率的な整備及びその有用性の確保を図り，もって国民経済の健全な発展及び国民生活の向上に寄与することを目的とする。
>
> （下線は執筆者）

（基本理念）

> 第三条　公的統計は，行政機関等における相互の協力及び適切な役割分担の下に，体系的に整備されなければならない。
> 2　公的統計は，適切かつ合理的な方法により，かつ，中立性及び信頼性が確保されるように作成されなければならない。
> 3　公的統計は，広く国民が容易に入手し，効果的に利用できるものとして提供されなければならない。
> 4　公的統計の作成に用いられた個人又は法人その他の団体に関する秘密は，保護されなければならない。
>
> （下線は執筆者）

　統計法の基本的な考え方として，特に，「行政における効率的な運用のため」と位置づけられていた旧統計法に比べて，重要なポイントは以下の3点である。

公的統計に関する基本認識

これまでは統計整備の効率性が重要視されてきたが，改正によって **「社会の情報基盤としての統計」** という点を明確化した。「社会の」というのは，**「国民一般のための」** という意味。この基本理念のもと，次のポイントである公的統計の計画的整備と利用促進の基本計画が作成される。

公的統計の体系的・計画的整備

具体的には，「公的統計の整備に関する基本的な計画（基本計画）」を概ね５年ごとに策定し，それに基づいた公的統計の体系的整備を進めている（統計法第４条）。そこでは，

- 体系的整備のために各府省がどのように行動すべきかを決定し，各府省の行動結果を報告（統計法実施状況報告）する。
- 公的統計の体系的・計画的整備のために，加工統計や業務統計をも対象とした基幹統計の指定がなされ，法人登記等の行政記録の活用も視野に入れる。
- 「国勢統計」，「国民経済計算」（加工統計）は基幹統計として統計法で直接規定される。その他の基幹統計は，全国的な政策を企画立案し，又はこれを実施する上において特に重要な統計などとして，総務大臣が指定する。

統計データの利用促進と秘密の保護

「国民一般のため」という基本理念を受けて，統計を広く公開し，または必要に応じて調査票情報などを提供できること，またその手続を明確化した。同時に，統計の利用促進と表裏一体である情報保護の観点から，守秘義務および適正管理義務の遵守と，義務違反に対する罰則規定を明確化した。

旧統計法から新統計法へ

旧統計法
- 1946（昭和21）年：戦争により荒廃した日本の統計と統計制度の再建のため，統計委員会が設置された。
- 1947（昭和22）年：GHQからの統計資料の要求に応えるための統計および統計制度の整備が必要となり，統計法が成立した。
- 1952（昭和27）年：統計調査の重複を避けることを目的とした統計報告調整法が成立した。
- 当時は旧統計法と統計報告調整法の二本立てであり，統計（調査）には予算がついている「指定統計（調査）」と，各府省が届け出をして調査を行う「届出統計（調査）」があった。

新統計法
- 2007（平成19）年：統計法の改正は，3年ほどの準備を経て，統計法が全面改正された。
- この時，旧統計法と併存した統計報告調整法は廃止され，新統計法へ一本化された。
- 2008（平成20）年10月：統計委員会が設置された。
- 2009（平成21）年4月：新統計法が全面施行された。
- 2019（令和元）年5月：統計利用を大幅に拡大した改正統計法が施行された。

(2) 公的統計の整備（統計法第二章）

　統計法では，特に重要な統計として基幹統計を定めている。わが国では数多くの統計が作成されているが，国の行政機関が行う統計のうち，特に重要なものを基幹統計といい，基幹統計作成のために行われる統計調査は「**基幹統計調査**」と呼ばれる。これに対して，基幹統計の作成目的以外で国の行政機関が行う統計調査は「一般統計調査」と呼ばれる。統計法第5条，第6条にそれぞれ規定される「国勢統計」，「国民経済計算」および第7条に基づいて総務大臣が指定する。基幹統計は2021（令和3）年9月現在で53の統計が指定されている。

第二条

4　この法律において「**基幹統計**」とは，次の各号のいずれかに該当する統計をいう。

一　第五条第一項に規定する<u>国勢統計</u>

二　第六条第一項に規定する<u>国民経済計算</u>

三　行政機関が作成し，又は作成すべき統計であって，次のいずれかに該当するものとして<u>総務大臣が指定するもの</u>

　イ　全国的な政策を企画立案し，又はこれを実施する上において特に重要な統計

　ロ　民間における意思決定又は研究活動のために広く利用されると見込まれる統計

　ハ　国際条約又は国際機関が作成する計画において作成が求められている統計その他国際比較を行う上において特に重要な統計

（下線・太字は筆者）

　「基幹統計調査」に関しては，統計法第9条から第17条で定められている（2018（平成30）年の改正で18条は削除）。「一般統計調査」に関しては同法第19条から第23条が定められている。また，指定地方公共団体または指定独立行政法人が行う調査に関しては同法第24条と第25条が定められている。とくに基幹統計調査には以下のような規則が定められている。

①報告義務：基幹統計調査に対する正確な報告を確保するために，基幹統計調査で報告（回答）を求められた者は，報告の拒否や虚偽の報告をしてはならないと定められている（統計法第13条）。これに違反した者は50万円以下の罰金に処される（同第61条）。

②かたり調査の禁止：被調査者の情報を保護するとともに公的統計制度に対する公共の信用を確保するため，基幹統計調査によって報告を求められていると人に誤認させるような表示や説明をして情報を得る行為（かたり調査）は禁止されている（同第17条）。違反者に対しては，未遂も含めて2年以下の懲役又は100万円以下の罰金に処される（同第57条）。

③地方公共団体による事務の実施：基幹統計調査は，全数調査や大規模な標本調査として行われるなど，被調査者の数が非常に多いことが少なくない。国の担当職員だけでは，限られた期間内に調査を円滑に終えることが困難であるため，調査事務の

一部を法定受託事務として，地方公共団体が行うこととすることができる（同第16条）。地方公共団体が行う事務の具体的な内容は，個々の基幹統計調査ごとに，政令（国勢調査令，人口動態調査令及び統計法施行令）で定められている。なお，調査に要する経費は，国が全額支出している（地方財政法第10条の4）。

作成主体	基幹統計名	統計作成の目的
内閣府	国民経済計算	経済の全体像を国際比較可能な形で体系的に記録する
総務省	国勢統計	国内の人口・世帯の実態を把握し，行政施策その他の基礎資料を得る
	労働力統計	国民の就業及び不就業の状態を明らかにする
	就業構造基本統計	国民の就業構造を全国的及び地域別に明らかにする
	個人企業経済統計	製造業，卸売・小売業，飲食店又はサービス業を営む個人企業の経営の実態を明らかにする
	小売物価統計	国民の消費生活に必要な商品の小売価格及びサービスの料金についてその毎月の動向及び地域別，事業所の形態別等の物価を明らかにする
	家計統計	国民生活における家計収支の実態を毎月明らかにする
	全国家計構造統計	全国消費実態統計を全面的に見直し，家計における消費，所得，資産及び負債の実態を総合的に明らかにする
	住宅・土地統計	住宅及び住宅以外で人が居住する建物（以下この項において「住宅等」という）に関する実態並びに現住居以外の住宅及び土地の保有状況その他の住宅等に居住している世帯に関する実態を全国的及び地域別に明らかにする
	科学技術研究統計	我が国における科学技術に関する研究活動の状態を明らかにする
	社会生活基本統計	国民の社会生活の基礎的事項を明らかにする
	地方公務員給与実態統計	地方公務員の給与の実態を明らかにする
	人口推計	国勢調査の実施間の時点においての各月，各年の人口の状況を把握する
厚生労働省	人口動態統計	出生，死亡，死産，婚姻及び離婚の実態を明らかにする
	国民生活基礎統計	保健，医療，福祉，年金，所得等厚生行政の企画及び運営に必要な国民生活の基礎的事項を明らかにする
	毎月勤労統計	雇用，給与及び労働時間の変動を全国的及び都道府県別に明らかにする
	賃金構造基本統計	労働者の種類，職種，性，年齢，学歴，勤続年数，経験年数等と，賃金との関係を明らかにする
	薬事工業生産動態統計	医薬品，医薬部外品，医療機器及び再生医療等製品に関する毎月の生産の実態等を明らかにする
	医療施設統計	医療施設の分布及び整備の実態並びに医療施設の診療機能の状況を明らかにする
	患者統計	医療施設を利用する患者の傷病の状況等の実態を明らかにする
	生命表	全国の区域について日本人の死亡及び生存の状況を分析する
	社会保障費用統計	社会保障に要する費用の規模及び政策分野ごとの構成を明らかにする
農林水産省	農業経営統計	農業経営体の経営及び農産物の生産費の実態を明らかにする
	農林業構造統計	農林行政に必要な農業及び林業の基礎的事項を明らかにする
	漁業構造統計	水産行政に必要な漁業の基礎的事項を明らかにする
	作物統計	耕地及び作物の生産に関する実態を明らかにする
	海面漁業生産統計	海面漁業の生産に関する実態を明らかにする
	木材統計	素材生産並びに木材製品の生産及び出荷等に関する実態を明らかにする
	牛乳乳製品統計	牛乳及び乳製品の生産に関する実態を明らかにする

	経済産業省生産動態統計	鉱工業生産の動態を明らかにする
経済産業省	商業動態統計	商業を営む事業所及び企業の事業活動の動向を明らかにする
	石油製品需給動態統計	ガス事業の生産の実態を明らかにする
	経済産業省企業活動基本統計	企業の活動の実態を明らかにする
	経済産業省特定業種石油等消費統計	工業における石油等の消費の動態を明らかにする
	ガス事業生産動態統計	ガス事業の生産の実態を明らかにする
	鉱工業指数	鉱工業製品を生産する国内の事業所における生産，出荷及び在庫に係る諸活動並びに各種設備の生産能力及び稼働状況を明らかにする
国土交通省	造船造機統計	造船及び造機の実態を明らかにする
	鉄道車両等生産動態統計	鉄道車両，鉄道車両部品，鉄道信号保安装置及び索道搬器運行装置の生産の実態を明らかにする
	船員労働統計	船員の報酬，雇用等に関する実態を明らかにする
	建築着工統計	全国における建築物の建設の着工動態を明らかにする
	建設工事統計	建設工事及び建設業の実態を明らかにする
	法人土地・建物基本統計	国及び地方公共団体以外の法人が所有する土地及び建物の所有及び利用並びに当該法人による土地の購入及び売却についての基礎的事項を全国的及び地域別に明らかにする
	港湾統計	港湾の実態を明らかにし，港湾の開発，利用及び管理に資する
	自動車輸送統計	自動車輸送の実態を明らかにする
	内航船舶輸送統計	船舶による国内の貨物の輸送の実態を明らかにする
財務省	法人企業統計	我が国における法人の企業活動の実態を明らかにする
文部科学省	学校基本統計	学校教育行政に必要な学校に関する基本的事項を明らかにする
	学校教員統計	学校の教員構成並びに教員の個人属性，職務態様及び異動状況等を明らかにする
	学校保健統計	学校における幼児，児童，生徒，学生及び職員の発育及び健康の状態並びに健康診断の実施状況及び保健設備の状況を明らかにする
	社会教育統計	社会教育行政に必要な社会教育に関する基本的事項を明らかにする
国税庁	民間給与実態統計	民間給与の実態を明らかにし，租税に関する制度及び税務行政の運営に必要な基本的事項を明らかにする
総務省・経済産業省	経済構造統計	すべての産業分野における事業所及び企業の活動からなる経済の構造を全国的及び地域別に明らかにする
総務省ほか	産業連関表	生産活動における産業相互の連関構造並びに生産活動と消費，投資，輸出等との関連及び生産活動と雇用者所得，営業余剰等との関連を明らかにする

基幹統計の統計種別

基幹統計の多くは，調査票調査により統計を作成する調査統計である。一部は業務統計，加工統計であり，その詳細は以下の通り。

種別	調査名	内容
業務統計	人口動態統計	出生・死亡・死産・婚姻・離婚の届出を受けたとき，市区町村長がその届書等に基づいて人口動態調査票を作成し，当該保健所長に送付する。保健所長が調査票をとりまとめる
	医療施設統計（動態調査）	医療法に基づく開設・廃止・変更等の届出を受理又は処分をした医療施設を対象とし，開設・廃止等の申請・届出に基づいて都道府県知事又は保健所を設置する市・特別区の長が動態調査票を記入する
	建築着工統計	建築基準法の規定による建築工事届に記載されている内容を都道府県が集計する

	生命表	国勢調査，人口動態統計をもとに，死亡率や平均余命などの指標を作成する
加工統計	人口推計	国勢調査が実施されない期間に対し，我が国の人口の実態を把握することを目的とする。毎月の推計値と詳細な 10 月の推計値が公表される
	国民経済計算	「四半期別 GDP 速報」は GDP をはじめとする支出側系列等を四半期別に作成・公表する。「国民経済計算年次推計」は，生産・分配・支出・資本蓄積といったフロー面や，資産・負債といったストック面も含めて作成・公表する
	産業連関表	経済波及効果分析や各種経済指標の基準改定を行うための基礎資料を提供することを目的に，一定期間内の財・サービスの生産・販売を行列形式でとりまとめる
	社会保障費用統計	社会保障の各制度を所管する行政機関（厚労省，文科省，財務省，総務省，農林水産省，国土交通省等）より提供された収支決算データを ILO，OECD の基準に沿って集計する
	鉱工業指数	品目毎の一月当たりの生産（出荷）量等を，基準年＝100.0 として指数化し，品目別指数を基準年の各ウェイトで加重平均することにより，鉱工業全体や業種別・財別などの総合指数を作成する

　基幹統計を作成するために行われる調査は基幹統計調査と呼ばれる。国勢統計を作成するための国勢調査，労働力統計を作成するための労働力調査といったように，基幹統計の作成を主目的とした調査が行われている。2017（平成 29）年に人口推計が基幹統計として指定され，計 56 の統計が基幹統計となった。

　2019（令和元）年より一部の基幹統計調査が統合再編された。全国消費実態統計は全国家計構造統計と名称を改めた。また，経済構造統計は，工業統計，商業統計，特定サービス産業実態統計と統合した。これまで経済センサス－活動調査及び同基礎調査によって作成されていた経済構造統計は，5 年に 1 度の活動調査の中間年に行われる基礎調査，および工業統計調査，商業統計調査，経済構造実態調査により作成されることとなった（詳細は 9 章）。2023（令和 5）年時点での基幹統計は 53 統計である。

基幹統計調査の周期

　基幹統計調査は，様々な周期で実施されている。以下は，毎月，四半期，毎年，3 年，5 年毎に実施される基幹統計調査の例である。

周期	統計調査名
毎月	人口動態調査／労働力調査／毎月勤労統計調査／農業経営統計調査／木材統計調査（月別調査）／商業動態統計調査／牛乳乳製品統計調査（月別調査）／薬事工業生産動態統計調査／経済産業省生産動態統計調査／鉄道車両等生産動態統計調査（新造調査）／小売物価統計調査／家計調査／建築着工統計調査／医療施設動態調査／建設工事受注動態統計調査／内航船舶輸送統計調査（実績調査）／経済産業省特定業種石油等消費統計／ガス事業生産動態統計調査（月次調査票）／港湾調査（甲種港湾調査票）／人口推計（簡易版）　等
四半期	個人企業経済調査（動態調査票）／鉄道車両等生産動態統計調査（新造調査除く）／法人企業統計調査（四半期調査）／ガス事業生産動態統計調査（四半期調査票）　等
毎年	国民生活基礎調査／民間給与実態統計調査／賃金構造基本統計調査／船員労働統計調査／木材統計調査（基礎調査）／科学技術研究調査／牛乳乳製品統計調査（基礎調査）／法人企業統計調査（年次別調査）／個人企業経済調査（構造調査票）／経済産業省企業活動基本調査／学校基本調査／港湾調査（乙種港湾調査票）／内航船舶輸送統計調査（自家用船舶輸送実績調査）／学校保健統計調査／人口推計　等
3 年	社会教育調査／医療施設静態調査／患者調査／学校教員統計調査　等
5 年	国勢調査／就業構造基本調査／農林業センサス／漁業センサス／全国家計構造調査／経済センサス（基礎調査）／経済センサス（活動調査）／住宅・土地統計調査／社会生活基本調査／地方公務員給与実態調査　等

基幹統計調査の調査対象

基幹統計調査では，様々な調査対象が設定されるが，多くが世帯や事業所を調査対象としている。複数の調査対象が設定されている調査もある。以下は，世帯・事業所・企業が調査対象となっている基幹統計の例である。

世帯	事業所	企業
国勢調査	個人企業経済調査	科学技術研究調査
労働力調査	毎月勤労統計調査	学校基本調査
就業構造基本調査	賃金構造基本統計調査	経済産業省生産動態統計調査
家計調査	木材統計調査	経済産業省企業活動基本調査
全国家計構造調査	牛乳乳製品統計調査	法人土地建物基本調査
社会生活基本調査	経済産業省生産動態統計調査	法人企業統計調査
国民生活基本調査	石油製品需給動態統計調査	
住宅土地統計調査	経済産業省特定業種石油等消費統計調査	
	ガス事業生産動態統計調査	
	鉄道車両等生産動態統計調査	
	法人土地建物基本調査	
	民間給与実態統計調査	
	経済センサス	

基幹統計調査における全数調査

次のリストは全数調査として実施されている基幹統計調査の例である。全数調査，標本調査に関しては第4章「統計調査の実際」を参照。

> 国勢調査／人口動態調査／農林業センサス／漁業センサス／経済センサス／学校基本調査／学校教員統計調査／社会教育調査／建築着工統計調査／ガス事業生産動態調査／港湾調査／牛乳乳製品統計調査／薬事工業生産動態統計調査／造船造機統計調査／鉄道車両等生産動態統計調査／地方公務員給与実態調査／医療施設調査

(3) 調査結果の利用・提供（統計法第三章）

「統計の役割」で扱ったように，調査結果は，法令に基づく利用，施策・計画の策定等に利用されるが，それ以外に公的統計の利用される場として，ここでは，統計の二次的利用制度を取り上げる。これは，統計を主に「行政のため」と位置付けていた旧統計法から変更された項目である。新統計法では，統計の利用促進のために，統計の**二次的利用制度**が設けられている。二次利用の範囲はつぎの4つに定められている。

①調査票情報の二次利用

調査実施者が，当初予定していなかった追加的集計や，名簿作成のために調査票情報を利用する（統計法第32条）。

14

②調査票情報の提供

公的機関が委託して調査研究を行う場合などに，省令で定められた「行政機関に準ずる者」に調査票情報を提供できる（統計法第33条）。また，調査票情報の提供を受けた者は，調査票情報により作成した統計，または研究成果を報告すること（同上第3項），また報告された統計・研究成果はインターネット等を通じて公表されること（第4項）が定められている。

2018（平成30）年の法改正（2019（令和元）年の施行）によって「相当の公益性を有する」場合に一般からの求めに応じて調査票情報を提供することが可能になった（統計法第33条の2）。学術研究又は高等教育の発展に資すると認められる場合に，統計センターと提携したいくつかの機関に設置されたオンサイト施設において，調査票情報を利用できる。

第三十三条の二
　行政機関の長又は指定独立行政法人等は，前条第一項に定めるもののほか，総務省令で定めるところにより，一般からの求めに応じ，その行った統計調査に係る調査票情報を学術研究の発展に資する統計の作成等その他の行政機関の長又は指定独立行政法人等が行った統計調査に係る調査票情報の提供を受けて行うことについて相当の公益性を有する統計の作成等として総務省令で定めるものを行う者に提供することができる。

（下線は筆者）

・事業所母集団データベース

統計法第33条による調査票情報の提供に代わり，2019（令和元）年統計法改正に伴い，2021（令和3）年からサービスの提供が政府自治体に対して開始された。統計法第27条第1項に基づき，「経済センサスなどの各統計調査の結果と行政記録情報（労働保険情報，商業・法人登記情報等）を統合し，経常的に更新を行い，全ての事業所・企業情報を捕捉し，最新の情報を保持するデータベース」※となっている。政府自治体では33条に代わって最新の事業所母集団データが常に利用できるため，今後調査や統計作成のために利用が広がっていくものと期待されている。郵送ではなく，ネットワーク上のデータベースに申請機関がアクセスする仕組みで，実際の利用では，例えばアクセス権限を持つ自治体の総括部局と統計主管課との連携が課題になるため，統計職員以外の部局にも手引きや案内が必要とみられ，課題となっている。2021（令和3）年段階で政府自治体外はサービスが提供されていないが，調査や業務の受託があれば，受託者は民間であってもサービスの利用が可能となっている。

※総務省「事業所母集団データベース」説明より引用。

③オーダーメード集計

学術研究の発展等「相当の公益性を有する」と認められる場合に，一般からの委託に応じて，統計調査の調査票情報を利用した統計の作成ができる（統計法第34条）。オーダーメード集計を受けることができる「相当の公益性を有する」ものは，学術研究，

高等教育の発展に資すると認められる場合のほか，後期中等教育や重点分野の統計の作成なども含まれる（統計法施行規則より：後述）。

④匿名データの提供

学術研究，高等教育，または国際社会における我が国の利益の増進および国際経済社会の健全な発展に資すると認められる場合，一般からの求めに応じて匿名データを作成・提供することができる（統計法第36条）。匿名データの提供を受けることができる「相当の公益性を有する」ものは，学術研究，高等教育の発展に資すると認められる場合のほか，後期中等教育や国際社会の発展に資すると認められる場合なども含まれる（統計法施行規則より：後述）。

それぞれについて，提供を受けた者は提供した機関への報告義務があり，提供した行政機関は提供により作成された統計や研究成果に関してインターネット等を用いた報告の義務を負う。

(4) 秘密の保護・守秘義務（統計法第四章・第七章）

統計作成，統計調査において知りえた情報に関して守秘義務を負うもの。二次的利用では，提供された調査票情報，匿名データ，統計成果物を提供申請時に申請した利用目的以外の目的のために自ら利用し，又は，提供してはならないことが法令に規定されている。

調査票情報の提供を受けた利用者の義務と罰則等
- 義務…守秘義務，利用制限（目的外利用の禁止），適正管理義務（データ・記録媒体の管理）
- 罰則…守秘義務違反→二年以下の懲役または100万円以下の罰金
  利用制限違反→自己または第三者の不正な利益を図る目的で提供又は盗用したものは，一年以下の懲役または50万円以下の罰金
  適正管理義務違反，その他の不適切利用→利用規約に基づくペナルティ（全府省からの一定期間のサービス提供禁止等）

匿名データの利用提供を受けた利用者の義務と罰則等
- 義務…利用制限，適正管理義務
- 罰則…利用制限違反→懲役刑が規定されていないこと以外は調査票情報のケースと同様。適正管理義務違反の罰則は，調査票情報のケースと同様。

(5) ミクロデータに基づく実証分析の発展

　公的統計の二次的利用制度は miripo のホームページを通じて情報が随時提供される体制になりつつある。2018 (平成 30) 年の統計法改正後, サービスの幅が広がっている。同ページを通じて自分の利用に見合ったサービスを問い合わせるのが個票ユーザーにとって便利である。

　　ミクロデータ利用ポータルサイト　miripo：https://www.e-stat.go.jp/microdata/

　miripo では, 匿名データの利用, オーダーメード集計の利用, 調査票情報の利用について利用できる統計調査のリスト, 申請の実績を公表している。ユーザーは公表された統計調査のリストを参考にして制度を利用すれば, これまでよりも個票を利用しやすくなってきている。匿名データのリストは近年急速に拡大しているので, ミクロデータに基づく分析が拡大すると見込まれている。ミクロデータは長年行政手続きが煩雑だと敬遠される傾向があったが, 近年手続きの敷居が下がりつつある。この本では詳細は省くが, 手順やデータの特徴を学ぶ手引きが必要とされ, オンサイト施設やミクロデータの拠点がある大学で試行錯誤が続いている。

　公的統計の二次的利用制度は公益性のある学術研究団体と国・自治体などで利用できるサービスが大きく異なる。特に国・自治体では 2021 年頃から後述する事業所母集団データベースが利用できるようになっている。経済センサスなどの統計情報と労働保険, 登記簿といった行政情報を組み合わせたビジネスレジスター情報である。統計調査の名簿として利用する母集団情報や自治体独自の調査やデータの補完に利用できる。行政データの場合, 反映に時間がかかることや零細企業の捕捉にも苦労しているといった課題があるが, 自治体独自で調査をするよりも国のデータを利用した方が格段に捕捉力を上げることができるため, 全国の事業系調査の精度向上に貢献すると期待されている。

　これまで統計調査に対して大規模な欠測値補完技術が導入されてこなかったが, ミクロデータの利用の広がりとともに, 欠測値補完も広範囲に広がりを見せている。既に主要国では補完技術の導入によって補完後のデータが広範囲に利用されている。日本ではまだこれからであるが, 国勢調査など各種統計調査, 社会調査で欠測値補完が今後急速に広がると共に欠測値技術自体も進化するとみられている (永井恵子著「国勢調査の不詳データの補完について：令和 2 年国勢調査における試み」日本統計協会『統計』2021 年 10 月号 , pp.34-39)。

二次的利用制度の種類と利活用

	調査票情報の二次利用	オーダーメイド集計	匿名データの提供	調査票情報の提供	事業所母集団データベース
統計法	第32条	第34条	第36条	第33条の2	第27条
サービスのユーザー	公益性のある学術研究団体及び国・自治体				国・自治体
HP・問い合わせ先	miripo			統計作成元	総務省統計局

2 統計法施行令等の内容

統計法の全部改正に合わせて，統計法施行令，施行規則も全部改定された。

(1) 統計法施行令

　公的統計の作成主体となる法人，統計調査の届け出法人，事務の委託法人などについて規定しているほか，基幹統計調査を行う際には基幹統計調査である旨を（調査票に記載するなどして）明示しなければならない（第5条）など，調査実施にかかる細かい手順に関する規定を定めている。

　基幹統計以外の公的調査は，行政機関が行う「一般統計調査」と「指定地方公共団体および指定独立行政法人等が行う統計調査」がある。これに関して施行令で定められている事項のうち，主要なポイントとしては以下の通り。

　統計の作成主体となるべき法人として指定されているのは以下の17種類（第1条）

沖縄科学技術大学院大学学園	沖縄振興開発金融公庫	外国人技能実習機構
株式会社日本政策金融公庫	株式会社国際協力銀行	株式会社日本貿易保険
原子力損害賠償・廃炉等支援機構	大学共同利用機関法人	国立大学法人
日本私立学校振興・共済事業団	日本司法支援センター	日本銀行
農水産業協同組合貯金保険機構	日本中央競馬会	日本年金機構
放送大学学園	預金保険機構	

　このうち，「独立行政法人等が行う調査（法第25条）」で「大規模な統計調査を行うことが想定されるもの」として，統計調査の際に届け出を義務付けられている法人（指定独立行政法人）は日本銀行のみ（第8条）

　「地方公共団体が行う調査（法第24条）」で届け出を義務付けられているのは都道府県および政令指定都市（第7条）

　統計法33条の2，第34条に規定されている統計データの利活用（調査法情報の利用，オーダーメード集計）に関して，統計法第37条では「政令で定める独立法人等」に委託するとし，施行令の中で「独立行政法人統計センター」と定めていたが，平成30年の法改正により法律内で「独立行政法人統計センターに委託する」と定めている。

(2) 統計法施行規則

　調査実施，データ利用事務に関する詳細な事項，承認の基準などが定められている。2018（平成30）年の統計法改正（2019（令和元）年施行）に合わせ，施行規則も改正された。特に，社会における統計活用の可能性を広げるため，統計情報の利用に関する規定が大きく変更され，全42条のうち第8条から第40条までが統計情報の利用に関する規定で占められている。ここでは，調査票情報の利用，オーダーメード集計，匿名データの提供の要件となる「相当の公益性」に当たる事項を整理する。

調査票情報の利用

　法第33条に記載されている調査票情報を行う「行政機関に準ずる」ものは会計検査院，地方独立行政法人，地方住宅供給公社，地方道路公社および土地開発公社（施行規則第10条）
「相当の公益性を有する統計の作成」とみなされるのは以下（施行規則第19条）
1. 学術研究の発展に資すると認められる
2. 高等教育の発展に資すると認められる

委託による統計の作成等

　法第34条に記載されているオーダーメード集計を受けることができるのは次の場合（施行規則第27条）
1. 学術研究の発展に資すると認められる
2. 教育の発展に資すると認められる
3. 官民データ活用推進基本法の規定により官民データ活用推進戦略会議の長に指定された重点分野に係る統計の作成等で，国民経済の健全な発展又は国民生活の向上に寄与すると認められる

　オーダーメード集計は調査票情報の提供と異なり，「教育の発展」が高等教育に限定れておらず後期中等教育まで適応されていることに注意する。すなわち，学校教育法に定める高等学校，中等教育学校（後期），特別支援学校（後期），大学，高等専門学校，および専修学校の教育に用いることができる。

匿名データの提供

　法第36条に記載されている匿名データの提供を受けることができるのは次の場合（施行規則第33条）
1. 学術研究の発展に資すると認められる
2. 教育の発展に資すると認められる
3. 国際社会における我が国の利益の増進及び国際経済社会の健全な発展に資すると

認められる

4. 官民データ活用推進基本法の規定により指定された重点分野に係る統計の作成等で，<u>国民経済の健全な発展又は国民生活の向上に寄与する</u>と認められる

オーダーメード集計と同じく，匿名データも後期中等教育目的で利用することも可能である。

また，統計情報の利用の形態に関わらず，①匿名データを統計の作成等にのみ用い，②匿名データを直接の目的のために使用し，③成果が公表され，④データを適正に管理するなどの措置が講じられている，などの点をすべて満たすことが要件化され，提供を受けた者の氏名（団体名）等の事項を公表することも義務付けられている。

調査票情報の利用にかかる「相当な有効性」の適用範囲

	調査票情報の提供	委託による統計作成 （オーダーメード集計）	匿名データの提供
法 施行規則	第33条の2 第19条	第34条 第27条	第36条 第35条
有益性の 範囲	学術研究 高等教育	学術研究 高等教育 後期中等教育 官民データ活用推進戦略会議による重点分野	学術研究 高等教育 後期中等教育 官民データ活用推進戦略会議による重点分野 国際社会における我が国の発展

(3) 事業所母集団データベース

政府や地方公共団体が，事業所や企業に関する統計調査を行う際には，全数調査・標本調査にかかわらず，調査員調査など一部の例外を除けば，対象の選定や連絡先の把握のため事業所や企業に関する名簿が必要である。それぞれの機関が，独自に同じような名簿を作成していくことは非効率であり，各機関が利用できる共通的な名簿として，「事業所母集団データベース」が統計局から提供されている。

同データベースは，このような目的から，前述の調査票情報の利用よりも，利用者や利用目的の範囲が限定されている。まず，利用者は，国の行政機関と地方公共団体等に限定されている。また，利用目的は，統計法に基づく統計調査や調査対象者の意識などを調べるアンケート調査に加え，調査を行わず統計を集計することに限定されており，統計法により後述のような情報の保護や管理が定められている。実際の利用は，統計局にまず相談し，利用内容を確認した上で，申請することになる。その際は，利用目的，利用者の範囲を届出るとともに利用項目を指定し，所定の申請書を提出し，統計局の審査を経て，クローズドなネットワークによるオンラインによりデータの授受が行われ，情報の保護に万全を期す対応がとられている。なお，民間事業者や学識者について

は，国や地方公共団体からの委託を受けている業務以外には利用できない。様々な機関で利用されており，例えば，都道府県においても，利用実績も多く，統計局からの随時の情報は統計主管課に連絡されていることもあり，申請やオンラインの手続など統計主管課とも連携して利用することが望ましい。

次に，同データベースの情報元についてである。5年に2回の経済センサス（基礎調査・活動調査）により，全事業所に対する名称・所在地・産業分類や規模などの情報を整備する。これらに対し，経済構造実態調査などの統計調査の結果による更新に加え，労働保険情報や法人登記情報などの行政記録情報を用いて統計局が産業分類などの照会を行い，新設や廃業事業所の更新を行って，毎年更新されたデータが提供されている。

同データベースの内容については，事業所の名称・所在地・産業分類などに加え，企業単位の名称・所在地・産業分類などの情報についても，事業所のうち本社に相当する本所事業所に企業情報を付加した形で登録されており，支所事業所とその本所事業所の結びつきもわかる形で利用できる。このような形で，各地域の事業所に関する情報と，傘下事業所をまとめた企業に関する情報が利用可能であり，様々な事業所や企業に関するニーズに対応するものとなっている。

事業所母集団データベースのイメージ

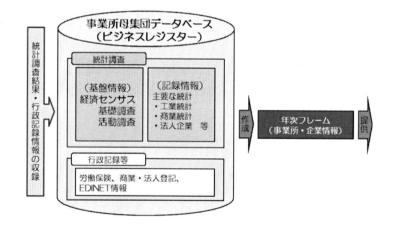

出所：総務省統計局ホームページより引用。

練習問題

【A1】 公的統計に関して述べた以下の文章に関して，空欄を埋めよ。

公的統計のうちその中核をなす特に重要な統計を \boxed{} といい，そのための調査を \boxed{} 調査という。統計法には「 \boxed{} は， \boxed{} ， \boxed{} およびその他 \boxed{} が指定する統計」と定められている。政府は，公的統計の整備に関する \boxed{} を定めなければならないとされている。

【A2】 以下の基幹統計のうち，加工統計をすべて選択しなさい。

① 労働力統計
② 鉄道車両等生産動態統計
③ 社会保障費用統計
④ 医療施設統計
⑤ ガス事業生産動態統計

【A3】 統計法の目的および公的統計の基本理念として適切でないものを一つ選びなさい。

① 統計の重複を避け，公的統計を体系的かつ効率的に整備すること。
② 公的統計の有用性の確保を図り，国民経済の健全な発展と国民生活の向上に寄与すること。
③ 公的統計作成にかかる個人や団体の秘密を保護し，不当に利益を損ねないこと。
④ 中立性および信頼性の確保が図られるようにすること。
⑤ 公的統計によって国内のすべての状態を数値によって把握すること。

【A4】 わが国の統計制度に関する出来事に関して，以下の6つが起こった時期が古い順に並べなさい。

① 第1回国勢調査が行われる。
② 統計法が施行される。
③ 太政官統計院が廃止され，内閣に統計局が設置される。
④ 戸籍法が定められる。
⑤ 統計院が「甲斐国現在人別調」を刊行する。
⑥ 「国勢調査に関する法律」が公布される。

【A5】統計法第36条では,「相当の公益性を有する統計の作成等」の必要があるときに,一般からの求めに応じて匿名データの提供をすることができると定められている。本条に関する統計法施行規則（平成31年改正,令和元年5月1日施行）の条文について,空欄部分を埋めなさい。

第三十五条　法第三十六条第一項の匿名データの提供を受けて行うことについて相当の公益性を有する統計の作成等は,次の各号に掲げるものとする。
　一　　　1　　　の発展に資すると認められる統計の作成等であって,次に掲げる要件の全てに該当すると認められるもの
　　　イ　匿名データを　　1　　の用に供することを直接の目的とすること。
　　　ロ　匿名データを利用して行った研究の成果が公表（中略）されること。
　　　ハ　個人及び法人の権利利益,国の安全等を害するおそれがないこと。
　　　ニ　第四十二条に規定する匿名データを適正に管理するために必要な措置が講じられていること。
　二　　　2　　　の発展に資すると認められる統計の作成等であって,次に掲げる要件の全てに該当すると認められるもの
　　　イ　匿名データを（中略）　　2　　の用に供することを直接の目的とすること。
　　　ロ　匿名データを利用して行った教育内容が公表（中略）されること。
　　　ハ　前号ハ及びニに掲げる要件に該当すること。
　三　　　3　　及び　　4　　に資すると認められる統計の作成等であって,次に掲げる要件の全てに該当すると認められる場合
　　　イ　匿名データを国際比較を行う上で必要な統計の作成等にのみ用いること。
　　　ロ　（中略）
　　　ハ　（中略）
　　　ニ　第一号ハ及びニに掲げる要件に該当すること。
　四　　　5　　法第二十三条第三項の規定により指定された重点分野に係る統計の作成等であって,次に掲げる要件の全てに該当すると認められるもの
　　　イ　国民経済の健全な発展又は国民生活の向上に寄与すると認められるもの
　　　ロ　（中略）
　　　ハ　第一号ハ及びニに掲げる要件に該当すること。

【A6】統計調査によって得られた情報の管理および利用に関して述べた以下の文章のうち,正しいものをすべて選びなさい。

① 基幹統計を作成した行政機関の長は,その結果をインターネット等を通じて公表することを義務付けられている。

② 匿名データの提供ができる統計は,すべての基幹統計と一部の一般統計である。

③ 匿名データの提供を受けた者は,申請時の目的以外に匿名データを提供することはできないが,統計を作成した行政機関は作成の目的外に調査票情報や匿名データを利用することが原則可能である。

④ 基幹統計の作成に関係した者がその情報を公開期日前にほかに漏えいまたは盗用した場合,懲役または罰金が科せられる。

⑤　統計センターと連携する機関に設置されたオンサイト施設において調査票情報を学術研究目的で利用することができる。

【A7】我が国における統計の歴史について正しくない記述を，次の①〜⑤のうちから一つ選びなさい。

①　我が国で最初の国勢調査は1920年（大正9年）に行われた。

②　第2次世界大戦中に，政府の統計数字は，戦時下の情報保全を理由に取り扱いが厳重になり，公表の制限が行われた。

③　大内兵衛博士は，第2次世界大戦後において，我が国の統計および統計制度の改善・発達に大きな業績を残した。

④　1947年（昭和22年）に施行された統計法は，戦前からあった統計法の全部改正による。

⑤　我が国では一貫して，行政機関のそれぞれが統計を作成する分散型統計機構を採用している。

【A8】基幹統計に関する記述として，最も適切なものを，次の①〜⑤のうちから一つ選びなさい。

①　統計法において，基幹統計として作成することが明示的に規定されているのは国勢統計のみである。

②　基幹統計の指定は，内閣総理大臣が行う。

③　基幹統計は，一度指定されると解除されることはない。

④　これまで基幹統計の指定を受けずに作成が行われていた公的統計が，新たに基幹統計として指定されることもある。

⑤　基幹統計として指定されるのは，統計調査の実施によって作成される調査統計のみである。

【A9】公的統計の作成に関して，以下の選択肢のうち統計法に定められていることとして適切でないものを1つ選びなさい。

①　行政機関の長は一般統計調査の方法等を変更する際は総務大臣の承認を得なければならないが，軽微な変更の際は不要である。

②　行政機関の長は，統計調査以外の方法により基幹統計を作成する場合には，その作成の方法についてあらかじめ総務大臣に通知しなければならない。

③　総務大臣は，統計作成の効率性・正確性を高め，かつ被調査者の負担軽減のため，事業所母集団のデータベースを整備する。

④　地方公共団体や独立行政法人が統計調査を行う際は，あらかじめ総務大臣に承認

を得なければならない。

　⑤　行政機関の長は，基幹統計の作成を円滑に行うために必要なときは，他の行政機関や独立行政法人が保有する行政記録等の資料の提供を求めることができる。

【A10】公的統計の関係文書（調査票，調査の手引，集計結果，調査結果の報告書など）について，情報公開法による開示請求があった場合，一般的な対応として開示してよいものはどれか。次の①〜⑤のうちから，適切なものを一つ選びなさい。

　①　調査対象から提出された調査票

　②　統計を作成するために関係者から提供を受けた行政記録情報

　③　調査を実施するために作成した調査対象名簿

　④　公表時期前の集計結果

　⑤　政府統計の総合窓口 (e–Stat) に登録されている調査結果のうち報告書に掲載されていない統計表

練習問題解答・解説

【A1】

1. 基幹統計　　2. 国民経済計算　　3. 国勢統計　　4. 総務大臣

5. 基本計画　　(2. と 3. は順不同)

【A2】正解③　社会保障費用統計

　①，②，⑤は調査統計，④医療施設統計は調査統計と業務統計を併用している。

【A3】正解⑤

【A4】④ 1871 (明治 4) 年 → ⑤ 1882 (明治 15) 年 → ③ 1885 (明治 18) 年 → ⑥ 1902 (明治 35) 年 → ① 1920 (大正 9) 年 → ② 1947 (昭和 22 年)

【A5】

1. 学術研究　　2. 教育　　3. 国際社会における我が国の利益の増進

4. 国際経済社会の健全な発展　　5. 官民データ活用推進基本

　2019 (平成 31) 年の改正によって，教育目的で匿名データを提供できる対象が高等教育機関から後期中等教育機関まで拡大されたことに注意。

【A6】① ④ ⑤

②は誤り。匿名データの提供は基幹統計の中でも一部にとどまる。

③は誤り。統計を作成した機関であっても，原則として統計作成の目的外で調査票情報を利用することはできない。

【A7】 正解④ （2011 年専門統計調査士試験問題 問 38 より）

我が国の統計作成の歴史に関してやや細かい知識を問うている。

我が国における「統計法」は戦後初めて成立し，戦前にこれに当たる法律は無い。なお，1947（昭和 22）年に施行された統計法は，2007（平成 19）年に全部改正された。

①②③⑤は正しい。第 2 次世界大戦中に政府統計はその真実性が大きく損なわれ，戦後になって，財政学者の大内兵衛によって再建された。なお，この功績をたたえ，我が国の統計改善に貢献したものを顕彰する「大内賞」が設けられている。また2019（令和元）年より，我が国の統計作成機構を分散型から集中型に移行する計画が立ち上がっており，大きな制度変更の可能性もある。

【A8】 正解④ （2018 年統計調査士試験問題 問 4 より）

これまで基幹統計の指定を受けずに作成が行われていた公的統計が新たに基幹統計として指定された例として人口推計がある。人口推計は 1921（大正10）年から行われていた加工統計だが基幹統計に指定されたのは 2017（平成29）年である。よって⑤は誤り。

統計法において基幹統計は，国勢統計，国民経済計算，および総務省令によって定められるとしているため，統計作成計画によって一度指定されたものが解除されることもある。よって①②③は誤りである。

【A9】 正解④

地方公共団体や独立行政法人のうち，統計調査にかかる総務大臣の承認を必要とするのは「政令で定めるものに限る」と統計法第 24 条と第 25 条で定められている。それぞれを「指定地方公共団体」「指定独立行政法人」という。統計法施行令において，指定地方公共団体は都道府県および政令指定都市，指定独立行政法人は日本銀行と定められている。

残りの選択肢は正しい。①は統計法第21条，②は同26条，③は同27条，⑤は同30~31 条の内容である。

【A10】 正解⑤ （2015 年統計調査士試験問題 問 6 より）

報告書に掲載されていない情報であっても，公的統計によって得られた情報は一般提供される。

情報公開法においても，公開することによって公的統計の遂行に支障をきたすと認められるものについては不開示とすることが定められている。①と②はこれに該当する項目である。③の調査対象名簿は対象者の個人情報に関わる情報であるため不開示とされる。公的統計の公開時期よりも前に結果を知ることはできない。特に，基幹統計では統計法内に公開時期よりも前に調査結果を公表することに関する罰則も定められている。

B 公的統計調査の実務

第3章　わが国の統計作成のしくみ

1　調査の仕組み

(1) 統計作成機構

中央統計機構

　中央統計機構を統計作成方式から分類すると，「分散型」，「集中型」の2種類に区分できる。**分散型**とは，統計作成の機能を別々の行政機関に分散させているもので，各行政機関がそれぞれの目的に合わせ，専門分野の特性を生かして統計を作成する。分散型統計機構では，例えば学校でのいじめ問題が社会問題化した際に迅速に調査を開始できるなど，各行政機関のニーズに合わせて迅速，柔軟に統計作成ができる一方で，それぞれの統計が必ずしも体系的に作成されている保証はなく，調査の重複や相互比較が困難になる場合がある。

　対して**集中型**とは，統計作成の機能が一つの行政機関に集中しており，統計作成専門の行政機関が存在する。一つの行政機関が統計の作成に特化しているため，統一的・体系化された形式で統計が作成さる。ただし，統計の専門機関がそれぞれの分野の専門性を備えていない場合もあり，各行政機関への的確な対応が行われにくくなる。

　我が国の統計作成機構は分散型といえる。カナダやオーストラリアなどは集中型の統計作成機構を持つ。ただし統計作成機構は各国の行政組織の仕方に依存し，集中・分散の程度は様々であるため必ずしも明確に区別できるわけではない。

	分散型	集中型
	各機関がそれぞれ統計を作成	ひとつの機関が統計を作成する
メリット	各行政機関（例えば各省庁）の行政ニーズに的確，迅速に対応可能	統計の体系化が容易
デメリット	統計調査の重複，統計の相互比較性の軽視の可能性がある	各行政機関の行政ニーズへの的確，迅速な対応が行われにくい
主要国の例	日本，アメリカなど	カナダ（カナダ統計局），オーストラリア（オーストラリア統計局）など

わが国の統計機構

　国の行政機関がそれぞれ所管する行政分野に関する統計を作成する分散型統計機構である。そのため，各省庁がそれぞれ統計に関する部署を設けているが，総務省統計局は，

我が国における最も基礎的な統計調査を実施している。

　各行政機関の作成する統計の横断的な調整を行っている政策統括官(統計制度担当)は (1) 統計行政に関する基本的事項の企画立案・推進，(2) 統計調査の審査・調整，(3) 産業分類等の統計基準（次項参照）の作成，(4) 統計の国際化に関する事務総括を行っている。

　<u>統計委員会</u>は専門的かつ中立・公正な第三者機関として総務省に設置され，公的統計全般に関する審議を行う。かつては内閣府に置かれていたが，2015（平成 27）年の統計法改正で総務省に置かれることになった。運営の詳細は統計委員会令等で定められる。審議事項は，1) 公的統計の整備に関する基本的な計画，2) 国民経済計算の作成基準の設定，3) 基幹統計の指定，4) 基幹統計調査の承認・変更・中止，5) 統計基準の設定，6) 匿名データの匿名性の確保　など，公的統計の整備に関する「司令塔」機能の中核としての役割を担う。委員会には 7 つの部会が置かれ，それぞれの専門に関する事項を掌握する。

　2018（平成 30）年の統計法改正によって統計委員会の機能が強化され，基本計画の実施状況を調査審議し，公的統計の整備に関する施策の推進を図る必要があるとき（総務大臣または総務大臣を通じて）関係行政機関の長に勧告することができる。さらに統計委員会の勧告に基づき講じた施策について，総務大臣または関係行政機関の長に報告の義務が設けられている。

　地方統計機構には主に次の 2 つがある。まず（1）各府省の地方統計部局である。例として財務省は地方統計部局である「財務支局」を持つ。「法人企業統計調査」は，各財務支局単位で調査・結果の公表を行い，中央（財務省）はそれらを集計して全国版を公表する。(2) 地方公共団体もそれぞれ統計部門を持つ。都道府県，市町村には統計主管課がおかれ，一部の基幹統計にかかわる事務を担当している。また，技術的専門性・直

図　我が国の統計機構

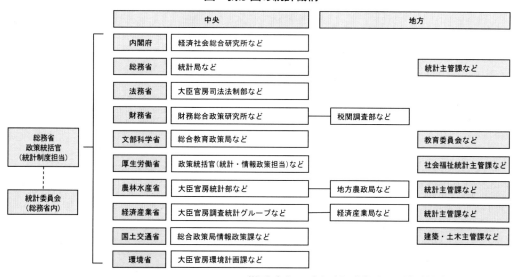

（総務省ウェブサイト「我が国の統計機構」より作成）

接的関連性などの観点から，統計主管課以外の事業主管課，教育委員会でも統計を作成している。

(2) 統計委員会

　専門的かつ中立・公正な第三者機関として，総務省に統計委員会が設置される（当初は内閣府に設置されたものの，内閣府・内閣官房のスリム化の一環で2016（平成28）年に総務省に移管）。統計委員会は，総務大臣の諮問に応じて統計および統計制度の発達・改善に関する基本事項を審議する。内閣総理大臣および総務省は，その統計作成に必要な重要事項について決定するとき，あらかじめ統計委員会の意見を「聞かなければならない」と定められている。さらに，統計法施行の状況について行政機関の長などから総務大臣に報告があったときに，法律の施行について総務大臣や関係行政機関の長に対して意見を述べることができる。

統計委員会に意見を求めなければならない事項

統計法		意見を聞く主体	内容
第4条	第4項	総務大臣	基本計画案を作成するとき
第6条	第2項	内閣総理大臣	国民経済計算の作成基準を定めるとき
第7条		総務大臣	基幹統計を指定するとき
第9条	第4項	総務大臣	行政機関の長より基幹統計の承認の申請があったとき
第12条	第2項	総務大臣	基幹統計調査の変更・中止の求めをしようとするとき
第26条	第3稿	総務大臣	行政機関の長に基幹統計作成方法の改善を意見するとき
第28条	第2項	総務大臣	統計基準を作成するとき
第31条	第2項	総務大臣	基幹統計の作成に必要な協力を求めるとき
第35条	第2項	行政機関の長	基幹統計調査にかかる匿名データを作成するとき
第45条の2	第1号 第2号	総務大臣	統計法にもとづいて政令・省令を定めるとき

　統計委員会は，任期2年の委員13名から成り，学識ある者のうち内閣総理大臣により任命される。特別の必要がある場合には専門委員，臨時委員を置くことができる。その他の組織事項は政令（統計委員会令）によって定められている。統計委員会には評価分科会と部会が置かれる。評価分科会は，統計委員会の所掌事務のうち，統計技術の観点から評価を行い，その結果に基づき意見を述べる。8つの部会は以下の表にある通り。

部会名	所掌事務
企画部会	統計及び統計制度の発達及び改善に関する基本的事項のうち特に重要な事項，基幹統計を作成する機関に対する協力要請に関する事項，三以上の部会に関連する横断的な課題に関する事項，及び他の部会の所掌に属さない事項
国民経済計算体系的整備部会	国民経済計算に関する事項，産業連関表に関する事項，及び国民経済計算の改善に資する統計の整備に関する事項
人口・社会統計部会	人口及び労働統計並びに家計，住宅，厚生，文化及び教育など国民生活・社会統計に関する事項
産業統計部会	農林水産，鉱工業，公益事業及び建設統計に関する事項
サービス統計・企業統計部会	通信，運輸，商業，貿易，物価，サービス，流通，環境，財政及び金融統計並びに企業経営及び企業・事業所全般を対象とする統計などの企業統計に関する事項
統計基準部会	統計基準に関する事項
統計制度部会	政省令の制定又は改廃に関する事項，基幹統計調査に係る匿名データに関する事項
統計作成プロセス部会	統計作成プロセスの水準の向上に関する事項

（3）統計調査の流れ

　統計調査は様々な経路で実務が行われている。国が行う統計調査はその規模の大きさから，必要に応じて地方自治体や管轄する省庁の地方部局に調査業務を委託することができる。さらに都道府県は市区町村や事業主管課に委託することができる。

　図は，基幹統計調査の調査手順の概念図である。調査手順は大きく分けて，1. 都道府県による実施，2. 市区町村による実施，3. 市区町村の専門部署による実施，4. 都道府県の事業主管課による実施，5. 中央政府の地方部局による実施，6. 中央政府による実施，7. オンラインによる実施の7つのパターンに分かれる（ただし7. オンラインのみで行われる調査はない）。世帯や事業所など，多くの調査対象に行われる調査は，非常勤の公務員として一般に公募する統計調査員を用いることもある。

国の統計調査における調査票配布の流れ図（基幹統計調査）

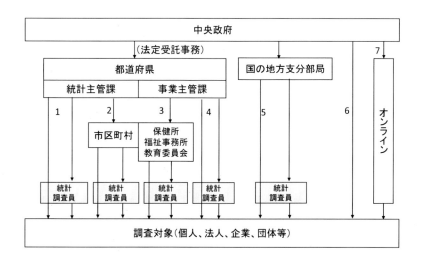

1　都道府県	3　市区町村専門部署	5　中央政府の地方支部
学校保健統計調査（7） 毎月勤労統計調査（1,7） 労働力調査（7） 小売物価統計調査（7） 家計調査（1,7） 個人企業経済調査（7） 社会生活基本調査（7） 商業動態統計調査（2,6,7）	学校教員統計調査（4,6,7） 社会教育調査（4,6,7） 人口動態調査（7） 医療施設調査（4,7） 患者調査 国民生活基礎調査（3,7）	法人企業統計調査（7） 作物統計調査（5,7） 海面漁業生産統計調査（5,7） 木材統計調査（5,7） 農業経営統計調査（7） ガス事業生産動態調査（7） 経済産業省生産動態統計調査（5,6,7） 造船造機統計調査（7） 船員労働統計調査（7） 鉄道車両等生産動態統計調査（7） 内航船舶輸送統計調査（7） 賃金構造基本統計調査
2　市区町村	4　都道府県事業主管課	6　中央政府
学校基本調査（他1,6,7） 国勢調査（7） 経済センサス（1,2,6,7） 住宅土地統計調査（7） 就業構造基本調査（7） 全国家計構造調査（1,7） 農林業センサス（5,7） 漁業センサス（5,7）	法人土地基本調査（7） 建築着工統計調査（4,7） 建設工事統計調査（7） 地方公務員給与実態調査（2,7） 薬事工業生産動態統計調査（7） 港湾調査（7）	科学技術研究調査（7） 民間給与実態統計調査（7） 石油製品需給動態統計調査（7） 牛乳乳製品統計調査（7） 経済産業省特定業種石油等消費統計調査（6,7） 経済産業省企業活動基本調査（6,7） 経済構造実態調査（7） 自動車輸送統計調査（5,7）

（注）・網掛けは調査員調査　　・下線は業務統計　　　　・複数の方法をとるものは（）内

2　統計の公表

（1）統計データの提供

公表手順

　統計局が行う調査の場合，まず各地で記入された調査票が統計センターに集められる。統計センターは予め定められた集計作業を行い，統計表を作成する。次に，作成された統計表などが統計局に送られる。統計局は送られてきた統計表などから結果の概要などを作成し，統計表と合わせてテレビ・新聞・書籍・インターネットといった各種媒体を通じて公表を行う。

　結果の公表に際して統計を作成した行政機関の長が行わなければならない事柄は，基幹統計に関しては統計法第8条で，一般統計に関しては統計法第23条でそれぞれ定められている。

基幹統計と一般統計の双方で行うこと

①作成した統計の結果および政令で定められた関連事項について，インターネットなどの適切な方法により公表すること。

②作成した統計に関する情報を国民が容易に得られるようするため，情報を長期的かつ体系的に保存すること及びその他の適切な措置をとること。

基幹統計と一般統計の相違点

①一般統計は，特別な事情があれば調査の結果および政令で定められた関連事項について全部または一部を公表しないことができる。

②基幹統計は公表期日や公表方法についてインターネットなどで事前公表する義務がある。

インターネットでの公表

　統計データおよび関連情報の発信は様々な形で行われている。特にインターネットを利用した情報発信の進歩は著しい。以下の三つは統計の公表上，特に重要である。

①『政府統計の総合窓口（e-Stat）』(https://www.e-stat.go.jp/) …日本で作成された各種統計が閲覧できる政府統計ポータルサイト。統計の検索，統計 GIS などを利用した統計データの閲覧，分類・用語・調査項目などの閲覧や検索が出来る。このサイトでは行政機関によって得られた統計の閲覧が可能であり，日本銀行が行う統計のように「公的統計」とされているが政府統計でないものは含まれない。

②『統計局ウェブサイト』(https://www.stat.go.jp/) …主に総務省統計局によって収集された統計データおよび統計関連情報が公開されている。

③各省庁ウェブサイト…各省庁が実施している統計調査に対する詳細な情報が公開されている。

　このほかにも，『日本統計年鑑』や『日本の統計』といったこれまで紙媒体で発信していた資料もインターネット上での利用が可能となっている。また，小中学生向けの『なるほど統計学園』(https://www.stat.go.jp/naruhodo/) 等の統計教育用 web サイトや『アプリ De 統計』などの新しい形式での情報発信の試みも進んでいる。

統計の総合窓口 e-Stat のホームページ（2021（令和 3）年 10 月）

(2) 統計の表章と表記法

統計情報はその数値をさまざまな観点から他の値と比較することによって社会の状態を観察・評価する。統計情報の公表はそのような比較が可能になる形で公表することが求められる。特に，ある統計数値を時系列で比較しその変化を見る，地域などの空間で比較し相対的な位置を把握する。

時系列

時間の変化を表すデータを時系列データという。時系列データでは，実数以外にも指数，変化率（前期比，前年度同期比など），寄与度・寄与率がしばしば用いられる。指数を用いる場合には，ある年度の値を 100 と固定した比率の計式で示すことも多い。時系列データの示し方については 13 章「変化の記述」も参照。

地理情報

統計表には都道府県市区町村丁字などの地理情報が含まれている場合が多い。統計表上で地理情報を表すためには，実際の名称だけでなく，対応するコードも用いられる。また，メッシュと呼ばれる緯度経度によって区分された方形の小地域ごとにデータを表章することもある。メッシュ統計のデータは地図上で表章されることが多い。

近年では，各種の統計データを地図上に表示して地理的統計情報の視覚的な理解を助ける「地理情報システム（Geographic Information System: GIS）」が進歩し，その活用範囲が拡大している。e-Stat上でも「地図で見る統計（統計 GIS）」という機能を利用して統計データを地図上に表章することが可能となっている。

各地域の特徴を表すための代表的な指数として特化係数が用いられる。特化係数とは，ある分野の構成比について，部分と全体を比較したものである。ある地域のある分野の特化係数は以下の式で示される。

$$特化係数 = \frac{ある地域でのある分野の構成比}{全国のある分野の構成比}$$

特化係数が 1 より高ければ，ある地域は当該分野において全国の水準と比べて特化している。また，地域差指数が用いられる場合もある。考え方は特化係数とほぼ同じである。上記と同じくある地域と全国を比較する。地域差指数の場合は，ある地域のある分野についての実数をある分野の全国平均値で割ることによって求める。

社会・人口統計体系

国民生活の実態を，経済的側面以外の様々な面からもとらえるために整備された統計整備として，総務省は**社会・人口統計体系**を作成している。政府の統計窓口 (e-Stat)で

は，国民生活に関する 13 の分野に関して，都道府県別，市町村別にデータを収集，公開している。

A	人口・世帯	B	自然環境	C	経済基盤
D	行政基盤	E	教育	F	労働
G	文化・スポーツ	H	住居	I	健康・医療
J	福祉・社会保障	K	安全	L	家計
M	生活時間				

政府統計の総合窓口では，「都道府県・市区町村のすがた」として提供されている。

表記法

統計表は主に表題，表頭，表側，表側頭，表体からなる。また，これらに加えて，頭注や脚注が入る場合もある。各マス目はセルやこまと呼ばれる。セルには対応する表頭と表側部分があり，そこに記載された項目名に従って数値や符号が記入される。

定義上，該当する数値がないことはハイフン「―」で示す。「0」は数値が存在するものの丸めの誤差などにより表章単位に満たない際に用い，厳密な 0 ではない。「…」は事実不詳・不明，「x」は個人または法人その他の団体に関する秘密を保護するため統計数値を公表しないことを示す。速報値や暫定値には「p」，改定値には「r」を数値に付す。

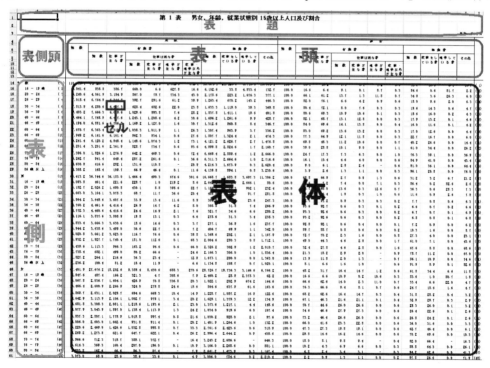

(3) 統計基準（産業分類，職業分類）

統計法第 2 条第 9 項は，統計基準を「公的統計の作成に際し，その統一性又は総合性を確保するための技術的な基準」と定めている。国内統計間および各国統計間での比較

可能性の確保，対象範囲の明確化のため，分類に関する統計基準として日本標準産業分類，日本標準職業分類，疾病・傷害及び死因分類の3つが設定されており，大分類，中分類，小分類などのいくつかの段階で分類がされている。

分類の具体例

	大分類	中分類	小分類，細分類
日本標準産業分類	建設業	総合工事業	土木工事業，舗装工事業，木造建築工事業 等
		設備工事業 等	電気工事業，電気通信・信号装置工事業 等
	製造業	食料品製造業	調味料製造業，畜産食料品製造業，糖類製造業 等
		窯業・土石製品製造業 等	ガラス製品製造業，セメント製品製造業 等
日本標準職業分類	専門的・技術的職業従事者	製造技術者（開発）	食品技術者，機械技術者，化学技術者 等
		法務従事者 等	裁判官，弁護士，検察官，司法書士 等
	サービス職業従事者	生活衛生サービス職業従事者	理容師，美容師，浴場従事者，洗張職 等
		接客・給仕職業従事者 等	飲食店主，旅館主・支配人，娯楽場等接客員 等
疾病・傷害及び死因分類	消化器系の疾患	食道，胃及び十二指腸の疾患	食道炎，胃食道逆流症，胃潰瘍，胃空腸潰瘍 等
		肝疾患 等	アルコール性肝疾患，中毒性肝疾患 等
	循環器系の疾患	高血圧性疾患 等	高血圧性心疾患，高血圧性腎疾患 等

①日本標準産業分類（Japan Standard Industrial Classification：JSIC）

すべての経済活動を産業別に表示する際の統計基準である。改訂が多く，時系列で統計を見るときには注意が必要となる。日本標準産業分類は，**事業所**を単位として，すべての事業所で行われている経済活動を分類する。事業所とは（1）経済活動が単一の経営主体のもとにおいて一定の場所，一区画を占めて行われていること，（2）財又はサービスの生産と供給が人および設備を有して継続的に行われていることの2要件を満たしているものをいうが，事業によっては必ずしもこの定義が適用できない場合もある。そのため，事業所の定義はかなりの注意を要する。例えば事業所を持たない商業や個人タクシー等の場合は，本人の住居を事業所とする。他に，建設工事の行われている現場は事業所に数えず，その現場を管理する事務所に含めて1事業所とする。産業に関しては第9章「産業・企業統計」も参照。

②日本標準職業分類

個人の**職業**を分類して表示する際の統計基準である。産業は事業所に対して一つの分類を割り当てるのに対し，職業は，個人が報酬を伴ってまたは報酬を目的として行う仕

事に対して割り当てる。例えば大学は産業分類上は教育機関のうち高等教育や研究を担う「大学」と分類されるが，大学に雇用されている教員と職員では職業分類は異なる。

自分が属する家業に従事している（家族従業者）場合は，報酬を得ているかどうかにかかわらず，一定時間以上従事していれば職業とみなす。

以下のものは職業とはみなさない。

- 報酬を得ているが労働の対価ではないもの（利子や配当等の財産収入，小遣い仕送り等の贈与，ギャンブルによる利益，奨学金，預貯金引出，不動産売却等による収入，生活保護，国民年金等による収入 等）
- 無給の奉仕活動に従事している場合（PTA 活動，ボランティア活動 等）
- 違法行為・公序良俗に反する行為（窃盗，恐喝，賭博，売春，密輸 等）

人々の働き方は多彩なため，ほかにもいくつかの細かいルールがある。例えば，複数の仕事を兼業している場合は，より主たる仕事と考えられるもの，収入・労働時間の大きいものなどを優先する。例えば職場にて加工食品を作り，同時に販売もしている場合は，食品加工という現業に近い仕事を優先する。警察官，消防官，自衛官などの保安的な職業的地位を持つものは，どのような業務に従事しているかに関わらず（市警察署内で広報や経理を担当していたとしても）「警察官」「消防官」「自衛官」などの職業分類に割り当てられる。

③疾病・傷害及び死因分類

主に厚生労働省が利用するもので，統計調査の結果を疾病，傷病，死亡の原因別に表示する場合の統計基準である。日本は国際基準に沿って作成している。

※統計法上の統計基準ではないが，以下のような統計基準もある。

④「日本標準商品分類」，「サービス分野の生産物分類」

国連の主要生産物分類（政府統計では Central を「中央」と訳して，「中央生産物分類」と呼んでいるが，この本では「主要」とする）の日本版を目指して日本の生産物を分類するための統計基準であるが，これまでに生産物全体をカバーする分類は整備されてきていない。日本標準商品分類は「輸送用機器」，「食料品・飲料及び製造タバコ」など財(Goods)の範囲に留まる。サービス分野の生産物分類は，将来的に国民経済計算，産業連関表に使用する調査などに適用することを想定して 2019（令和元）年に整備された。

⑤「統計に用いる標準地域コード」

都道府県，市町村の区域を示すために標準地域コードが設定されている。合併等があるとその都度変更される。すべての都道府県および市区町村に 6 桁のコードを割り当

ている。地域コードは以下のような体系で作成される。

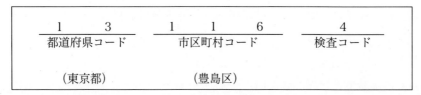

　1~2桁目は都道府県を識別し，1から47まである。3~5桁目は市区町村を識別するコードであり，特別区や政令市は100番台，それ以外の市部は200番台，郡部は300番台となる。都道府県のコードは3~5桁目は000である。6桁目は電子処理上の検査コードとなっている。

　それ以外の統計基準として，「指数の基準時に関する統計基準」及び「季節調整法の適用に当たっての統計基準」がある。これらは経済指標に関する技術的基準で，経済指標（経済指数）などを作成する際に，各指数系列相互の比較可能性の確保などをするために設定されている。また統計基準ではないが，多くの統計で用いられている分類として，「「従業上の地位」に関する区分」がある（例：国勢調査では，就業者を構成する要素が雇用者，自営業主などと区分）。

国際統計分類

　各国間での統計を比較可能な形にするため，国際機関においても統計基準が作成されている。国内の統計基準を改定する際は，国際統計分類との整合性の改善が図られている。

主要な国際統計分類

国際基準	作成機関	対応する日本の統計基準
国際標準産業分類 (ISIC)	国際連合統計部 (UNSD)	日本標準産業分類
国際標準職業分類 (ISCO)	国際労働機関 (ILO)	日本標準職業分類
疾病および関連保健問題の国際統計分類 (ICD)	世界保健機関 (WHO)	疾病，傷害及び死因の統計分類
主要生産物分類 (CPC)	世界関税機構 (WCO)	日本標準商品分類，サービス分野の生産物分類

第4章　統計調査の実際

1　調査実務の手法（調査企画の基本的事項）

　調査を企画する際には，様々な事項について決定する必要がある。それぞれの事項は独立に決定されるわけではなく，調査企画全体として整合性を持つように，互いに関連している。したがって，一部の不備によって調査全体が失敗する場合もあり，一部の修正変更が全体に影響を及ぼすこともある。

(1) 調査目的

　「なぜ」調査を行うのかを決定する。統計調査を行う前には，何のために調査をし，どういう内容についての結果を把握すればよいか（調査目的）を明確にしなければならない。これが明確でないと，調査事項や調査対象を決定することが出来ない。基幹統計にもそれぞれ作成の目的があり，明記されている。

　調査の目的に応じて調査対象や調査時期，調査事項を決定することになるが，調査を行う際には制約になる条件を明確化する必要がある。調査の制約とは主に，金銭的制約，調査精度に関する制約，調査の期日に関する制約などがある。金銭的制約には人件費やトレーニングコストも含まれ，広域な調査を行う場合や，複雑な調査になると多くの予算を必要とする。調査精度は調査の信頼性に大きくかかわるものである。例えば労働時間を調査する際に，厳密には分単位で計測することが望ましいが，そこまで詳細に調査することは現実的に困難であり，さらに集計する際にはそこまでの厳密さが要求されることはない。調査の目的や期日にあわせて測定の精度を設定する。

(2) 調査対象・調査時期

　「誰に」，「いつ」調査を行うかなど，詳細な事項を決定する。

　まず，調査対象を決定する際に，調査単位を明確にする必要がある。「調査単位」とは，調査を行う個体又はその集合体を指す。統計調査における調査単位としては，世帯や事業所などが多く用いられる。

世帯：「一般世帯」と「施設等の世帯」に区分される。

　（一般世帯）①住居と生計を共にしている人の集まり又は一戸を構えて住んでいる単身者。ただし，これらの世帯と住居を共にする単身の住み込みの雇人については，人数に関係なく雇主の世帯に含める。②上記の世帯と住居を共にし，別に生計を維持している間借りの単身者又は下宿屋などに下宿している単身者。③会社・団体・商店・官公庁な

どの寄宿舎，独身寮などに居住している単身者。

　（施設等の世帯）学生寮，病院，矯正施設等のそれぞれの居住者・入所者。その他定まった住居を持たない単身者や陸上に生活の本拠（住所）を有しない船舶乗組員など。

　事業所：経済活動が行われている場所ごとの単位で，以下の①②を備えるもの。

　①経済活動が単一の経営主体の下で一定の場所（一区画）を占めて行われている。

　②物の生産や販売，サービスの提供が，従業者と設備を有して継続的に行われている。

　世帯や事業所を調査単位とする調査では，調査事項は世帯員や事業所の構成員（労働者や経営者）に関することになる。そのため，回収する調査票の数と集計によって得られる調査対象の数は一致しない。例えば国勢調査ではすべての世帯に対して調査票を配布するが，一種類の調査票の中に世帯人員の情報をすべて書き込むため，集計することによって日本の人口を得ることができる。調査単位に対して，集計後のデータに現れる対象者を統計単位または調査客体ということもある。

　以下は，労働力調査を例に上記の枠組みで統計集団（調査対象），調査単位，統計単位（調査客体）を示したものである。ただし，統計局ウェブサイトでの労働力調査に対する実際の調査の概要では，統計集団は調査範囲，調査単位と統計単位が調査対象と記されている。このように，実際の調査の概要を読む際には文脈に気を付ける必要がある。

例：労働力調査

　調査時期については主に①実際に調査を行う日や時期，②いつの時点・期間についての事項を調査するか，の2点を考える必要がある。上記にも例示した労働力調査は，毎月行われ，「完全失業率」を算出しているが，完全失業率は，調査月の月末を含む1週間（これを調査週間という）中に全く仕事をしていないこと，調査週間中に求職活動をしていたことなどを失業の要件に含んでいる（労働力調査についてはC主要な統計を参照）。調査が月の初めに行われたとしても，必要な情報は調査時点ではなくその前の1週間の労働の状態である。

(3) 調査事項

　調査の多くは調査票に記入することによって行われる。調査票に誰が記入するのかによって**自記式**（自計式）調査と**他記式**（他計式）調査に分かれる。自記式調査は，調査対象者が自ら調査票に印字された質問項目を読み，回答を記入する方式である。回答する際に調査員が近くにいない場合（郵送調査や留め置き調査）は，質問文を平易にしてすべての人が質問の意図を読み取れるようにしなければならない。そのほか，1ページ

に含める質問の数や余白の大きさ等のレイアウトにも，調査対象者の心的負担を課さないような工夫が必要となる。

　一方，他記式調査は調査員が質問紙の質問文を読み上げて回答を聞き，調査員が回答を記入するという方式である。こちらは調査対象者に調査票を見せるわけではなく最低限の書式を整えればよい。その代わり，調査対象者に口頭で質問を行うためわかりやすい聞き方をする必要がある。

　また，1枚の調査票に複数のケースの調査単位の情報を記入する質問紙は**連記式**と呼ばれる。代表的な連記式質問紙として国勢調査は世帯の代表者に質問紙を送付し，世帯全員の情報について回答してもらう。それに対して，一人の対象者に関する情報で一つの調査票を用いる場合は**単記式**調査票という。

　調査事項の決定は，最終的にそれがどのような結果表となるか見据えておく必要がある。調査事項によって，そのまま質問項目となるのか，いくつかの要素に分解しなければならないのか，分解するとすればどのような項目になるのか，など設定の際には様々な検討が必要となる。例えば，労働力調査によって完全失業者の数を把握したくても，個人に「あなたは完全失業者ですか」と質問しても，すべての人が完全失業者の定義や要件を知っているわけではない。そこで，調査週間中に仕事をしていたか，求職活動をしていたか，働く意思はあるかなどのいくつかの要素に分けて対象の状態を把握することによって事後的に完全失業者か否かを決定する。そのほか調査票に盛り込む質問文に関して注意すべきことは，（1）やさしい言葉や表現を用いる，（2）中立な単語や表現を用いる，（3）権威や多数派の意見を提示することで意見誘導をしない，（4）一般的な質問と個別具体的な質問を分ける。（5）一つの質問で一つの事項を測定する，など留意すべき点が多くある。これらはすべて，正確な測定のために必要なものである。

　質問の順序は被調査者が質問の流れに抵抗なくついていけるように配列する。①最初の質問は簡単に答えられるようなものとする，②関連性のある質問はできるだけ続けて配列する，③前の質問が後の質問の回答を歪めないようにする，④難しい質問はなるべくあとにする，といった工夫が必要である。

　質問に対する回答の方法にはプリコード型（想定される回答をいくつかのタイプに分類して選択肢を作成しそれぞれにコードを付けておく方法）と自由回答型（質問に対する選択肢をこちらで用意せず被調査対象者に具体的内容を自由に記入させる方法）の2つがある。プリコードの場合は想定されるあらゆる選択肢をもれなくかぶりなく設定する必要がある。自由回答項目は収入や賃金などのように数値で記入させるものと政策への意見や商品を使った感想などのように文字で記入させるものがある。とくに文字回答の場合は，集計の段階で回答をいくつかのカテゴリに分けて事後的にコードを付与することもある（上記のプリコードに対してアフターコードと呼ばれる）。

(4) 標本調査の基礎

　調査の対象となる構成単位（世帯，企業，組織など）すべてを調査する方法を全数調査（悉皆調査）といい，調査対象の一部を調査するものを標本調査という。調査の対象となるすべての構成単位（世帯，企業，組織など）の集合のことを調査母集団という。母集団から構成単位の一部を抽出する作業を標本抽出（サンプリング）という。抽出に用いる単位は抽出単位と呼び，抽出単位＝調査単位となる場合もあるが，集落抽出や多段抽出のように調査単位の集合も抽出単位となる場合がある。一般的に抽出された調査単位の集合を標本（サンプル）という。

　たとえば選挙結果を予測するために行われる出口調査であれば，実際に投票した人々が調査母集団，出口調査の対象となった人々が標本となる。

　全数調査によるデータから計算される比率や平均値といった値は，母集団全体の特性を示すこととなる一方，標本調査によるデータから計算されるそれらの値は，一部のデータから計算された値であるため，母集団が持つ値からのズレ（標本誤差）が生じる。母集団からの標本抽出を適切に行っていれば，標本誤差の大きさは確率的に予測できるため，標本から得られた統計量を用いて，母集団の持つ統計量の値を高い精度で予測することができる。この作業を統計的推論という。統計的推論は標本抽出が，「適切に」行われていることが前提である。ここでいう標本抽出の「適切」さは標本が調査母集団から偏りなく抽出されているかを基準としている。この基準を「**代表性**」という。

全数調査と標本調査の違い

	全数調査	標本調査
調査の費用	大きい	小さい
調査にかかる労力	大きい	小さい
調査結果の公表	遅い	早い
調査員の数	多い	少ない
主な誤差	非標本誤差	標本誤差，非標本誤差
主な公的統計調査	国勢調査 等	労働力調査 等

　全数調査は調査母集団の特性をもれなく測定することになるが，多くの人手，時間，コストを要する。さらに全数調査にも誤回答や集計ミスなどに起因する誤差（非標本誤差）が存在し，規模の大きな調査ではそのリスクも高まる。代表性のある標本を抽出できれば，全数調査によらなくても調査母集団の特性を正確に把握することが可能になる。

　母集団から代表性のある標本を抽出する方法には，大きく分けて「無作為抽出法」と「有意抽出法」がある。

　無作為抽出法とは，調査の企画者の主観的判断を排除して，抽出確率（標本抽出に際して，母集団のすべての調査単位に与えられる抽出される確率）にしたがって標本抽出をする方法である。無作為抽出の種類には以下の

母集団　　　　　標本

ようなものがある。

①**単純無作為抽出法**…母集団の全抽出単位に等しい抽出確率を付与して独立に抽出をする方法。すべてに番号を付け，乱数表をもとに抽出するなどの方法がある。統計的推論の理論は単純無作為抽出法を前提としているが，この方法は調査母集団内のすべてのケースを網羅的に載せたリスト（台帳）を用意する必要があり，また大規模な調査になると地域的な散らばり等によって膨大な予算がかかる，多くの乱数を発生させる必要があるなどの実務上の困難がある。そのため，以下のような代替の方法を用いて，標本の代表性を多少損なうことになるが，精度を維持しながら効率的に調査を行う工夫がなされる。

②**系統抽出法**…台帳からある規則性を持たせて標本を抽出する方法。基本的なものとして，抽出間隔値（母数÷抽出数の小数点以下を切り捨てた整数）ごとに標本を抽出する方法がある。
例）100人の中から5人を抽出する場合は，まず全員に1から100までの番号を振り分ける。次に100を5で割っ

標本抽出法の種類

無作為抽出法	有意抽出法
・単純無作為抽出法（①） ・系統抽出法（②） ・層化抽出法（③） ・集落抽出法（④） ・多段抽出法（⑤） ・層化多段抽出法（⑥） など	・典型法（⑦） ・割当法（⑧） など

て，抽出間隔値20を求める。そして，1から20までの整数の中から無作為に数字を決める。もし4であれば，4番，24番，44番，64番，84番を抽出する。

　この方法によって，乱数を発生させる手間を省くことができる。ただし，この方法は単純無作為抽出が持っていた各標本の抽出確率が独立であるという性質を満たしていない。

③**層化抽出法**…母集団を複数個に分割することを層化と言い，分割された各集団は層と呼ばれる。層化抽出法は，各層ごとに標本抽出を分けてする方法。特定の部分母集団のケースが著しく少ない，または回収率が著しく低いなどの問題がある際に，一定のケースを確保することによって代表性を担保する。

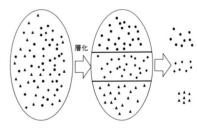

④**集落抽出法**…一般的に，集落とはある性質を伴った調査単位のグループ（例：学校，事業所，調査区など）を指す。集落抽出は，単純無作為抽出法や系統抽出法などを用いて集落を抽出し，その集落内の全調査単位を調査する方法である。調査対象者すべてを網羅した台帳を得られなくても，学校や事業所等の組織のリストは比較的

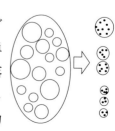

入手しやすいため，実行可能性が高まる。ただし，得られた標本は比較的同質な集団が抽出されているため，母集団との乖離が起こりやすい。

⑤**多段抽出法**…標本抽出を何段階かに分けて行う方法。右図のように抽出を2段階に分けて標本を抽出する場合は2段抽出と呼ばれる（第1段抽出として集落（第1次抽出単位）を抽出し，抽出された集落からさらに調査単位（第2次抽出単位）を抽出している）。第1段階の抽出では，各集落の抽出確率は均等ではなく，そ

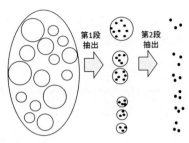

の集落に含まれるケース（調査単位）の数に応じて割り振られる（大きな集落はそれだけ抽出されやすくなる）。第2段階での抽出では，抽出された集落内で独立に無作為抽出を行う。

⑥**層化多段抽出法**…層化抽出法と多段抽出法を組み合わせた方法。第1段の抽出において集落を規模別や地域別に層化し，そのうえで多段抽出を行う。

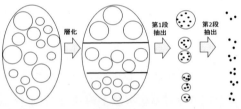
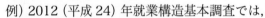

例) 2012（平成24）年就業構造基本調査では，2010（平成22）年国勢調査調査区の内，一部を除外したうえで8層に分類してから，各層より調査区を抽出した。次に抽出された調査区から系統抽出法で住戸を抽出している。

　有意抽出法は，「代表的」あるいは「典型的」と考えられる調査対象を，調査の企画者の主観的判断によって標本抽出をする方法である。有意抽出法の種類としては主に割り当て法や典型法などがある。統計的な調査においては十分なサンプルを得られない場合や調査対象があまりにも特殊で確率的な抽出が向かない場合などに用いることがある。

⑦**典型法**…母集団を代表する典型的な人を選び標本とする方法。何をもって「典型的」とするかは調査の目的や母集団の性格に依存する（例えば「夫婦と小さい子供2人」で構成された世帯を家族とする調査など）。

⑧**割当法**…母集団を性別や年齢層といった属性で分類し，母集団の属性の構成比率に等しくなるように標本を集める方法。ウェブモニターより回答者を募集する形式の標本調査では，回答者の性質が母集団と大きく異なることが知られているため，基本的な情報（性別や年齢，職業構成や居住地など）を母集団の比率と一致すように抽出する方法が多く用いられる。これによって割り当てに用いた情報は母集団からのかい離が少なくなる

が，そのほかの情報に関してはバイアスが生じている可能性があり，その確率を評価できない。

（5）調査方法と回答方式の種類

公的統計調査は，主に調査員調査，郵送調査，そしてウェブ調査の3つの方法で調査を行っている。調査員調査とは，調査対象に統計調査員が直接訪問して調査をする方法である。調査員調査を実施する場合は，統計調査員の任命や研修等を行う必要がある。調査員調査には，調査票を配布して調査対象に記入してもらう「留め置き調査」と，統計調査員が調査対象に聴き取りをして調査票に記入する方法「聴き取り調査」の2種類がある。

郵送調査は，その名の通り調査票を調査対象に郵送し，調査対象自身に記入・返送してもらう方法である。郵送調査は調査員を必要としないため調査費用は大きく減じられるが，留め置き調査と比べ調査拒否が生じやすいため，事前に調査依頼書を郵送する等，調査の趣旨や目的を理解してもらう必要がある。

調査方法ごとの長所，短所

	長所	短所
調査員調査	・調査票の回収率を確保できる。 ・調査事項が多少複雑でも調査が可能である。 ・質問の内容を調査対象に理解させることができるため正確に記入してもらえる。	・経費がかかる。 ・調査員の選任，指導の事務が必要となる。 ・調査員が不在の場合，面接できない。
郵送調査	・広い地域にわたる調査が可能である。 ・調査員や特別な調査組織を必要としない。 ・面接調査では答えにくい内容の事項でも調査が可能である。	・回収率が確保しにくい。 ・無回答から起こる誤差が大きくなる可能性がある。 ・質問の内容を誤解することにより誤回答が多くなる。
ウェブ調査	・面接調査では答えにくい内容の事項でも調査が可能である。 ・24時間回答可能など利便性が向上している。	・厳しいセキュリティ対策が必要となる。 ・利用環境が整備されていない調査対象もある。

『統計実務基礎知識―平成26年7月改訂』より

ウェブ調査は，調査対象ごとにIDとパスワードを付与し，自宅のパソコンなどからインターネットを通じて回答してもらう方法である。調査対象へIDとパスワードを配布する方法として，調査員が直接配布する方法や，郵送により配布する方法がある。

これらの方法は必ずしも明確に区別できるわけではなく，必要に応じてそれぞれの方法を掛け合わせて調査が行われることも多い。調査票を配布するときは統計調査員を使い，回収時のみ郵送調査方式で行う方法やその逆の方法など調査方法を合わせて正確な

調査を行うことができるように工夫されている。代表的な例として，国勢調査は長らく留め置き式の調査をおこなっていたが，生活スタイルの多様化を受け，調査票の配布・回収時に対象者が不在など，未回収ケースの解決が課題となった。これを受け，2010（平成22）年の調査では訪問による配布の後，郵送による回答が可能となった。さらに2015（平成27）年の調査では，訪問前にウェブ調査用のIDを全戸に配布し，期間内のオンライン回答が無かった世帯にのみ調査員を派遣した。

(6) 審査と集計

　審査とは「調査対象の把握から統計表作成までの過程における各段階の内容を，調査設計者の指示（判定基準）と比較して，それに適合しているか否かを判定し，適合していない内容について補正すること，並びに調査によって得られた結果数値の信頼性についての検討を加える一連の行為」（『統計実務基礎知識―平成26年7月改訂』p.142）である。審査には主に地方審査と中央審査の2段階がある。

　通常，誤りの発生時点・場所に近いところで審査を行うほど，誤りを捕捉・補正することが容易となる。そのため実際に調査を行う機関（実査機関）と集計を行う機関（集計機関）が異なる場合は，実査機関での審査（地方審査）の方が集計機関での審査（中央審査）よりも重要な意味を持つ。

審査・チェックの種類

- シーケンスチェック…番号などを昇順や降順にして，欠番などを調べる。
- オフコードチェック…調査項目に定められた規定コード以外のものがないか調べる。
  （例）記入漏れ（ブランク）や，男＝1 女＝2 と定められている時の1と2以外
- クロスチェック…調査事項間に関連があるとき，記入内容に矛盾がないか調べる。
  （例）世帯主の配偶者が未婚である。調査の対象となった者の一部に回答を限定している調査項目において該当しない者が回答をしている。
- レンジチェック…価格などのように，通常の値幅があるデータについて上限値と下限値を定め，それらが許容範囲内に収まっているか否かを調べる。
- トータルチェック…合計値が規定の値と一致するかを調べる。

2　調査員制度
(1) 調査員の使命と役割

　統計法第14条で統計調査員に関わる事項を定めている。わが国では，国が実施する基幹統計調査および一般統計調査のほか，地方公共団体等が行う統計調査でも，回収率の向上や調査精度の確保などに効果的な調査員調査の方法をとる。統計調査員は，調査対象者への訪問や回収，調査票チェック等，統計調査の最前線で最重要な役割を果たす。

(2) 調査員の法的位置付け

基幹統計調査において統計調査員は，調査の実施ごとに任命される。統計調査員の身分は非常勤の公務員となる。国家公務員になる場合と，地方公務員になる場合がある。また，職務の特殊性から一般の公務員とは異なった取り扱いがされている。

統計法上は，「統計調査員」は基幹統計調査実施のために置かれる統計調査員のみを指す。

基幹統計調査における調査員の身分	任命権者
国勢調査	総務大臣
賃金構造基本調査	都道府県労働局長
ガス事業生産動態統計調査	経済産業局長
農業センサス（のうち農山村地域調査）	地方農政局長
経済産業省動態統計調査（の一部）	経済産業局長
その他の基幹統計	地方自治体の長

統計調査員の身分に関する規定・義務

- 一般公務員と異なり，副業に関する制約はない。
- 国家公務員災害補償法または地方公務員災害補償法の適用を受け，災害にあった場合は任命機関からの補償を受ける。
- 統計法で秘密の保護が義務づけられており（守秘義務），秘密を漏えいした場合などには，罰則が適用される。

(3) 調査員の採用

統計調査員は都道府県や市区町村が広報誌やウェブサイトを通じて募集し，調査員業務希望者が，各自治体の統計主管課に登録する（登録調査員）。登録にあたっては面接を行い，統計調査の業務に従事できる期間や時期，希望する区域などを申告する。また，統計調査員経験者等の推薦によって登録する場合もある。

統計調査員の統一的な選任基準はないが，選任に当たっては以下のような点が考慮されている。

- 調査事務を遂行する責任能力があること。
- 統計調査の趣旨や重要性を理解し，正しい統計調査の方法を習得し，遂行する能力があること。これを担保するため一般研修及び専門研修が行われる。
- 秘密保護に関して信頼できること。
- 過去の調査において秘密保護に関するトラブル等があったかなどを把握し，このような者の選考を避ける。
- 調査対象者による信頼を得られること。

- 正しい報告を得るために調査対象者の信頼を得られること。税務関係者，警察関係者などは情報が徴税や捜査に用いられるとの誤解を招くため，選考を避ける。
- 選挙等の利害と無関係であること。
- 選挙活動の一環との誤解を避けるため，被選挙者，選挙事務所関係者などの選考は避ける。

3　調査員の業務

　調査員の業務として，統計調査員事務打合せ会への出席や調査の準備，調査対象（世帯や事業所など）へ調査票を配布する，調査対象に調査票への記入を正しく行ってもらうため調査目的や内容などについて説明する，記入済み調査票を回収・点検する，調査票を提出する，といったものがある。

(1) 説明会，準備事務

　調査説明会では，調査員として知っておくべき事項等が説明される。この際に，調査に必要な用具の配布も行われる。調査員は，必ず説明会に出席することが求められ，出席できなかった場合，個別に事務指導を行う。

　調査に先立ち，事前に調査対象等の確認を行う。調査地域の範囲の確認，巡回ルートの確認などが含まれる。この際調査によっては，「調査のお知らせ」等の依頼文を事前配布することもある。

(2) 調査票配布・記入指導，回収，内容確認・検査

　調査対象へ直接出向き，調査票の記入等を依頼する。定められた対象，方法に忠実に従う。調査対象者が不在の場合は，配布された不在票等を投かんする。特別に許可がある場合を除き，家族や隣人に答えてもらうなどの対処をしてはならない。留め置き調査の場合は，家族等に調査の趣旨を説明し，調査票を託すことが許可されていることもある。

　調査対象の理解を得られるよう，調査趣旨，目的，秘密保護等に関する説明も併せて行う。個別聞き取り調査であれば，その場で調査票に記入し，回収する。留め置き調査であれば，回収方法および回収期限の説明をする。

　調査に関する疑問などにも答え，調査への理解と信頼を求める。苦情や調査拒否に関しても，改めて調査の趣旨や目的を説明し，協力を求める。

　回収の際は必要事項が記入されていることを確認し，不備がある場合には，改めて記入を依頼する。ただし，記入内容をその場では確認しない。

(3) 調査票等の再検査と提出，調査票提出後の再調査

　調査対象区の調査票がすべてそろっているか，調査票の記載漏れがないかなどを確認し，地方自治体に提出する。

　調査漏れや記入漏れがある場合には再び調査対象者のもとへ依頼する場合もある。ただし，国勢調査等の基幹統計調査（ウェブおよび郵送で解答されたものを除く）では，調査票を専用の封筒に封入して調査員に手渡す仕様になっている。これは個人情報に関する意識の高まりを受け，調査対象者に配慮したためである。その際は，調査員は調査票を見て確認することはない。

統計調査員の仕事の流れ

流れ	内容
都道府県・市区町村が行う統計調査員事務打合せ会（説明会）に出席	辞令や統計調査員証を受け取ります。
	調査に必要な用品を受け取ります。
	受け持つ地域の地図を受け取ります。
	調査内容、調査方法などについて説明を受けます。
調査の準備	統計調査員の手引など、説明会で配布された資料をよく読み、調査内容を理解します。
	調査用品の数量などを確認します。
	調査を受け持つ地区を実際に確認します。
調査対象を訪問	統計調査の目的などを説明し、調査への協力についてお願いします。
調査票の記入依頼	「調査票」の記入を依頼します。
	記入方法や記入上の注意事項を説明します。
	後日の回収日時を確認します。
調査票の回収・点検	約束した回収日時に再訪問します。
	回収した調査票に記入漏れなどがないかチェックします。
都道府県・市区町村へ調査票を提出	調査票を決められた期日までに提出します。
	提出書類の確認を受けます。

出所：総務省統計局ウェブサイト「統計調査員の仕事の流れ」

練習問題

【B1】 以下の統計委員会に関する統計法の規定に関して，空欄を埋めよ。

第四十四条　　　1　　に，統計委員会を置く。
第四十五条　委員会は，次に掲げる事務をつかさどる。
　一　　　2　　の諮問に応じて統計及び統計制度の発達及び改善に関する基本的事項を調査
　　　審議すること。
　二　前号に掲げる事項に関し，　　2　　に意見を述べること。
　（略）
第四十六条　委員会は，委員　　3　　人以内で組織する。
　2　委員会に，特別の事項を調査審議させるため必要があるときは，臨時委員を置くことが
　　　できる。
　3　委員会に，専門の事項を調査させるため必要があるときは，専門委員を置くことができ
　　　る。
第四十七条　委員及び臨時委員は，学識経験のある者のうちから，　　4　　が任命する。
　2　専門委員は，当該専門の事項に関し学識経験のある者のうちから，　　4　　が任命する。
第四十八条　委員の任期は，　　5　　年とする。ただし，補欠の委員の任期は，前任者の残任
　　　期間とする。
　（略）

【B2】 次の図中の（ア）〜（ウ）は，基幹統計調査の流れの一部を示したものである。以下の統計調査のうち，（ア）〜（ウ）の流れに該当するものをそれぞれ選択しなさい。

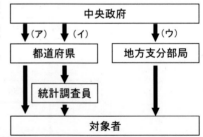

① 特定サービス産業実態調査
② 学校保健統計調査
③ 法人企業統計調査
④ 民間給与実態統計調査
⑤ 小売物価統計調査

【B3】 統計調査員の実務について述べた次の記述のうち，不適切なものを一つ選択しなさい。

① 調査対象者に訪問の際不信な者と疑われていたので，企業の勧誘等とは一切関係
　ないことを伝えて協力を要請した。
② 調査担当地区に長年住み地理を把握しているため，指定ルートに坂道が多く非効
　率になることに気付いたため，よく見知ったルートを回り，対象者の訪問を効率的

に進めた。

③ 留置き調査に対象者の家を訪問したところ，世帯主（夫）が不在だったので，在宅中の世帯員（妻）に調査の趣旨を説明し，調査票を預けた。

④ 留置き調査を回収する際に簡単に調査票を確認したところ，いくつか回答の漏れが見つかったためにその場で記入をお願いした。

⑤ 調査対象者の家に何度訪問しても不在であったため，隣人に調査対象者の家族構成や職業などの限られた基礎情報を聞きそれを報告した。

【B4】統計調査において調査員が行う審査事務について，次の①〜⑤のうちから，適切でないものを一つ選びなさい。

① 審査は，統一的な方法で行うことが大事であるので，調査員の経験による自分なりの方法でなく，「調査の手引」などで示された内容にしたがって行うようにする。

② 審査では，調査票の記入内容を適切なものにすることが重要であり，調査対象名簿などとの関連で問題がないかどうかの確認も行うようにする。

③ 審査は，審査の流れの各段階で行う必要があり，調査関係書類の記入誤りなどを修正する場合は，例えば調査員は赤色，市町村は青色を用いるなど，どの段階で修正したかが分かるようにする。

④ 審査において，調査票に記入誤りや矛盾する記入とみられるものがあった場合は，できるだけ調査対象に照会して確認を行うようにする。

⑤ 審査において，ほとんどが記入漏れになっている調査票があった場合は，点検の手がかりとなるものがないので，そのままにしておき，未使用の調査票と一緒に提出するようにする。

【B5】日本標準産業分類は，事業所で行われる経済活動を産業別に分類している。日本標準産業分類の適用に関する説明について適切でないものを，次の①〜⑤のうちから，一つ選びなさい。

① 設立準備中の事業所は，開始する経済活動によって産業を決定する。

② 休業中の事業所は，休業中には産業を決定せず，事業を再開したときに産業を決定する。

③ 複数の分類項目に該当する経済活動が行われている場合は，主要な経済活動によって産業を決定する。

④ 季節によって定期的に事業を転換する場合は，調査期日に行う事業とは関係なく，1年間を通じての主要な経済活動によって産業を決定する。

⑤ 国または地方公共団体の機関のうち，立法事務，司法事務及び行政事務を行う官公署は「公務」に分類されるが，その他の機関はその行う業務によって産業を決定

する。

【B6】統計の公表に関して述べた次の文章のうち，正しいものをすべて選びなさい。

①　公表が義務とされているのは基幹統計のみであり，一般統計の公表はその限りではない。

②　基幹統計は公表期日や公表方法について事前に公表することが義務づけられている。

③　統計法では，行政機関の長に対して，基幹統計の集計結果を『政府統計の総合窓口（e-stat)』で公開することが義務付けられている。

④　『政府統計の総合窓口（e-stat)』は総務省統計局が運営し，統計データベースのほかに GIS によるオンラインでの結果表示も可能である。

⑤　統計法第8条にもとづいて公表されている統計はすべて集計値や指数などのマクロデータであり，個票データ（ミクロデータ）ではない。

【B7】次の基幹統計のうち，統計調査員を用いる調査員調査をすべて選びなさい。
①　小売物価統計調査
②　賃金構造基本統計調査
③　牛乳乳製品統計調査
④　国民生活基礎調査
⑤　学校基本調査
⑥　薬事工業生産動態統計調査

【B8】統計委員会に設置される部会について，それぞれの審議内容の説明に合致する部会名を答えよ。

①　農林水産，鉱工業，公益事業及び建設統計に関する事項を審議する。

②　政省令の制定又は改廃に関する事項，基幹統計調査に係る匿名データに関する事項を審議する。

③　統計・統計制度の発達及び改善に関する基本的事項のうち特に重要な事項，基幹統計を作成する機関に対する協力要請に関する事項，三以上の部会に関連する横断的な課題に関する事項，及び他の部会の所掌に属さない事項を審議する。

④　基幹統計及び一般統計調査における不適切事案の発生防止及び統計の品質向上に資する点検検証に関する事項を審議する。

⑤　人口及び労働統計並びに家計，住宅，厚生，文化及び教育など国民生活・社会統計に関する事項を審議する。

【B9】 統計調査における誤差は，標本誤差と非標本誤差に大別できる。標本誤差と非標本誤差に関する説明について，最も適切なものを，次の①〜⑤のうちから，一つ選びなさい。

① 調査票の一部を抜き出して審査を行って発見した誤りを標本誤差といい，発見できなかった誤りを非標本誤差という。

② 標本調査での誤りを標本誤差といい，全数調査での誤りを非標本誤差という。

③ 標本調査において，調査対象が調査漏れになった誤りを標本誤差といい，調査対象以外のものが調査された誤りを非標本誤差という。

④ 調査員が誤った説明をすることで生じる回答の誤りは，標本誤差と非標本誤差のいずれにも該当しない誤りである。

⑤ 調査票の記入誤りは，非標本誤差に該当する。

【B10】 標本調査に関する次の文章のうち，空欄に当てはまる語句を埋めよ。

標本調査は，本来調査すべき対象者から一部を選び出して行う調査であり，これに対して対象者すべてを調査するものを ___1___ という。抽出には対象者がすべて同確率で選ばれる ___2___ を行うことで，集団の ___3___ を確保できるといわれている。対象の地理的な散らばりが大きいなど，調査実務上の困難があるときは，先に地域をいくつか選択して，その中のすべての対象を調査する ___4___ や，地域からさらに対象を抽出する ___5___ が行われる。また，調査対象のサブグループごとに別々に抽出を行う ___6___ 等もある。いずれも ___1___ の代替手段として用いられ，___7___ が大きくなる等調査の正確性が多少損なわれるが，調査コストは大きく削減されるため，よく用いられる。

【B11】 統計調査は様々な方法で行われる。その方法の違いについて述べた文章のうち，適切でないものを一つ選びなさい。

① 調査員が調査対象者に直接調査項目を尋ねる調査を聞き取り調査といい，郵送によって調査票のやり取りを行うものを郵送調査という。

② 1つの調査票に複数の調査対象の情報を記入するものを連記式調査票といい，対象1個体あたり1部の調査票があるものを単記式調査票という。

③ 調査員が調査した内容を自ら記入するものを自記式調査といい，調査員が対象者に記入を依頼するものを他記式調査という。

④ 国勢調査は留め置き調査であるが，郵送による調査票の返送やウェブによる調査への回答が可能である。

⑤ インターネット環境が整っていない対象を調査する可能性がある場合にはウェブ調査のみで調査を行うことはできない。

【B12】調査員の教育・訓練に関して適切でない記述を，次の①〜⑤のうちから一つ選びなさい。

① 調査員には基礎的な教育・訓練だけでなく，一定期間ごとに研修や再教育機会を設ける。

② 調査員説明会を欠席した調査員には，すべての説明会資料を送付して自宅学習で説明会に代える。

③ 基礎的な教育・訓練を行った後に最初に担当させる業務については，できる限り調査管理者等が同行して実地指導する。

④ 新しい種類の業務や新しい職責を割り当てた調査員に対しては，別途，追加の教育・訓練を行う。

⑤ 調査員説明会は，調査内容や調査方法に関する説明のほか，調査上の安全対策，秘密の保護等に関する事項も織り込んで実施する。

練習問題解答・解説

【B1】 1. 総務省　　2. 総務大臣　　3. 13　　4. 内閣総理大臣
　　　 5. 2

【B2】（ア）②学校保健統計調査　（イ）⑤小売物価統計調査　（ウ）③法人企業統計調査

【B3】正解②

　調査ルートは効率性のみではなく事故のリスク等を減じるなど別の基準からも作成されているものであるため，調査員は，たとえよく見知った土地であっても，定められた地区を指定のルート，順序で回らなければならない。

【B4】正解⑤（2014 年統計調査士試験問題　問 15 より）

　調査票回収時に調査員が行う審査は，多くの人手で行うため，各自の判断で行わずに，統一したルールの下で行う必要がある。特に調査票に不備とみられるものがあった場合には，できるだけ正確な回答を得られるようにしなければならず，可能であれば調査対象者に確認する。仮にほとんどが未記入であり，照会も困難であった場合でも，回収票とともに提出する。決して未使用票と一緒にしてはならない。

【B5】正解②（2015 年統計調査士試験問題　問 13 より）

設立準備中や休業中の事業所などについては
・設立準備中の事業所は事業を開始する経済活動の内容によって決定する
・休業中や清算中の事業所は、休業や清算に入る前の経済活動の内容で決定する。
・季節によって定期的に事業を転換する場合は、年間を通じての主要な経済活動で決定する。
というようなガイドラインがある。ここから①④は正しく②は誤りであるとわかる。

【B6】正解②④⑤

①は誤り。一般統計は特別の必要がある場合に一部または全部を公表しないことができる（統計法第23条）が、原則として一般公開することが義務付けられている。

③は誤り。統計法では「インターネットの利用その他適切な方法」により公開されていることが義務付けられているが、『政府統計の総合窓口（e-Stat）』での公開は明記されていない。そのため、『政府統計の総合窓口（e-Stat）』に掲載されていないデータが各省庁のウェブサイトに公開されているというケースもある。

【B7】正解①②④⑥

③牛乳乳製品統計調査は乳製品工場および牛乳処理場を対象とした調査で、中央政府（農林水産省統計部）が民間事業者に対して行う直接の調査である。

⑤学校基本調査は全国の学校（専修学校・各種学校を含む）を対象とした全数調査であり、設置主体（国、都道府県、市町村長など）が直接学校長に対して行う調査である。

【B8】
① 産業統計部会
② 統計制度部会
③ 企画部会
④ 点検検証部会
⑤ 人口・社会統計部会

【B9】正解⑤ （2016年統計調査士試験問題 問14より）

標本誤差は、標本調査をしたことによる測定値の統計量の誤りのことを言う。標本調査で得られた集団の値と全数調査で得られた値の違いを標本誤差ととらえることができる。これ以外に、調査票の記入誤りや問題の誤読、調査拒否、入力ミス、審査ミスなどによって生じる誤りはすべて非標本誤差という。

【B10】 1. 全数調査　　2. 単純無作為抽出　　3. 代表性　　4. 集落抽出

5. 多段抽出　　6. 層化抽出　　7. 標本誤差

【B11】 正解③

　③の記述は逆である。調査対象者が自ら書き込む方式が自記式調査で，調査対象者の回答内容を調査員が記入する方式が他記式調査である。

【B12】 正解② （2011 年専門統計調査士試験問題　問 5 より）

　調査の最前線で活躍する調査員には，調査実務のトレーニングが肝要となる。調査員説明会に出席することは原則として求められ，欠席者に自習を指示するのみでは不十分である。よって②の記述は誤りである。

C 主要な統計

第 5 章 人口統計

　人口統計は，人口の総数，構成，推移，移動の実態を捉えることを目的としている。こうした人口の実態の変化は，社会・経済的構造の変化と相互に大きな影響を及ぼし合う関係にある。したがって，人口統計は，人口の実態を把握するという目的だけでなく，社会・経済的な分析の基礎的データとしても利用される。

　人口統計には 2 種類ある。一つは，ある時点での人口の実態を把握する人口静態統計，もう一つは，人口の実態の変化を把握する人口動態統計である。前者は，国勢調査による国勢統計が該当する（後述）。そして，これらの人口静態統計および人口動態統計を元に加工して算出するのが，人口推計となる。

1 主な人口統計

(1) 国勢統計

　国勢統計とは，国勢調査によって得られる人口統計である。国勢調査は，統計法に直接規定のある最も重要な基幹統計調査であり，日本国内に居住するすべての世帯・人に関する統計を作成し，国・地方の政策立案の基礎資料とすることを目的としている。日本の全人口が調査対象となるセンサスである。国勢調査の基本情報は下記の表の通りである。

所管	総務省統計局
目的	日本国内に居住するすべての人及び世帯の実態に関する統計 (国勢統計) を作成し,国及び都道府県・市町村における各種行政施策の立案・実施その他の基礎資料とする。
調査対象	調査時において，日本国内に常住している者を対象とする（「常住している者」とは,当該住居に 3 か月以上にわたって住んでいるか，又は住むことになっている者をいい，3 か月以上にわたって住んでいる住居又は住むことになっている住居のない者は，調査時現在居た場所に「常住している者」とみなす）。また，外国人も含む。
調査事項	(1) 世帯員に関する事項 ①氏名，②男女の別，③出生の年月，④世帯主との続き柄，⑤配偶の関係，⑥国籍，⑦現住居での居住期間，⑧5 年前の住居の所在地，⑨在学・卒業等教育の状況，⑩就業状態，⑪所属の事業所の名称及び事業の種類，⑫仕事の種類，⑬従業上の地位，⑭従業地又は通学地，⑮従業地又は教育地までの利用交通手段 (2) 世帯に関する事項 ①世帯の種類，②世帯員の数，③住居の種類，④住宅の建て方
調査時期	5 年ごとに該当年 10 月 1 日午前零時，最新は2020（令和 2）年
URL	http://www.stat.go.jp/data/kokusei/2020/index.html

標本設計は，調査票を世帯ごとに配布し，調査員が取集するか，郵送もしくはインターネットで提出する全数調査となっている。調査票は，1枚に世帯員4名までを記入できる連記表である。

結果の公表は，次の集計区分ごとに，ウェブ上等で行う。

1．人口速報集計　　2．人口等基本集計　　3．就業状態等基本集計

4．抽出詳細集計　　5．従業地・通学地による人口・就業状態等集計

6．移動人口の男女・年齢等集計　　7．移動人口の就業状態等集計

8．人口等基本集計に関する集計　　9．就業状態等基本集計に関する集計

10．移動人口の男女・年齢等集計に関する集計

(2) 人口動態統計

人口動態統計とは，人口動態調査によって得られる人口統計である。人口動態調査の基本情報は下記の表の通りである。

所管	厚生労働省
目的	我が国の人口動態事象を把握し，人口及び厚生労働行政施策の基礎資料を得ること。
調査対象	「戸籍法」及び「死産の届出に関する規程」により届け出られた出生，死亡，婚姻，離婚及び死産の全数を対象とする。
調査事項	(1) 出生票：出生の年月日，場所，体重，父母の氏名及び年齢等出生届に基づく事項 (2) 死亡票：死亡者の生年月日，住所，死亡の年月日等死亡届に基づく事項 (3) 死産票：死産の年月日，場所，父母の年齢等死産届に基づく事項 (4) 婚姻票：夫妻の生年月，夫の住所，初婚・再婚の別等婚姻届に基づく事項 (5) 離婚票：夫妻の生年月，住所，離婚の種類等離婚届に基づく事項
調査時期	調査該当年の1月1日から同年12月31日まで
URL	https://www.mhlw.go.jp/toukei/list/81-1.html

人口動態調査は，「戸籍法」及び「死産の届出に関する規程」により届け出られた出生，死亡，婚姻，離婚及び死産を対象とした全数調査である。調査票は，出生票，死亡票，死産票，婚姻票，離婚票の5種から成る。

調査結果については，人口動態統計速報は毎月，人口動態統計月報は毎月および毎年（年間合計），人口動態統計年報は毎年公表される。

(3) 人口推計

人口推計とは，国勢調査による人口を基に，その後における各月の人口の動きを他の人口関連資料から得て，毎月1日現在の人口を算出するものである。人口推計の基本情報は次の表の通りである。

所管	総務省統計局
目的	国勢調査の実施間の時点においての各月，各年の人口の状況を把握すること。
調査対象	国勢調査による人口を基礎（基準人口）として，その後の人口動向を他の人口関連資料から得る。
調査事項	(1) 各月 1 日現在人口 (2) 各年 10 月 1 日現在人口 (3) 国勢調査結果による補間補正人口
調査時期	国勢調査の実施間の各月，各年
URL	https://www.stat.go.jp/data/jinsui/index.html

　人口推計の結果は，各月 1 日現在の結果（全国，総人口）は当月の下旬に公表し，各年 10 月 1 日現在の結果は翌年 4 月に公表される。また，国勢調査の確定人口公表後，前回の国勢調査との間の各月 1 日現在の人口（全国，都道府県については各年 10 月 1 日現在）について補間補正を行い，公表する。

2　人口統計のポイント

(1) 国勢調査小史

　明治初期の人口は主に，戸籍法による業務統計として把握されていた。太政官政表課（現在の総務省統計局）の初代課長杉亨二の主張により，1879（明治 12）年に「甲斐国現在人別調」を実施。これが日本初の近代的な公的統計調査となる。

　その後 1902（明治 35）年に「国勢調査ニ関スル法律」が制定され，1920（大正 9）年に第 1 回の国勢調査が行われる。初期の国勢調査は，調査時点（調査年度の 10 月 1 日）にいた場所で調査を行う「現在地主義」を採用し，出張等で普段住んでいない場所にいた場合でも，その場で調査が行われた。

　原則として 5 年ごとに調査が行われているが，1945（昭和 20）年のみ戦後の逼迫した状況をかんがみて調査は行われず，2 年後の 1947（昭和 22）年に行われた。「日本全国」を対象にしているため，戦前の一部の調査は朝鮮，台湾，樺太も調査されている。1947（昭和 22）年調査から日本に復帰する以前の沖縄は調査されていないが，琉球列島軍政府本部又は琉球政府によって 1950（昭和 25）年から 1970（昭和 45）年に 5 年毎に国勢調査が実施された。1975（昭和 50）年に再び調査対象に復帰した。

　戦後は，調査対象がふだん（原則として 3 か月以上）住んでいる場所で調査を行う「常住地主義」に切り替えられ，コンピュータ集計や地域メッシュ集計などの技術も取り入れていった。21 世紀に入り，個人情報に対する関心の高まりや生活スタイルの多様化から，対象者から調査票を回収することの困難が増えたため，従来の留め置き調査から郵送にて回収する方法（2005（平成 17）年調査）やインターネットによる回答（2015（平成 27）年調査）などを取り入れている。

		特徴	社会の動き
1920	第 1 回	最初の国勢調査	第 1 次世界大戦
1925	第 2 回	中間の簡易調査	
1930	第 3 回	職業区分，産業区分の整備	
1935	第 4 回	現在地，常住地人口の把握	
1940	第 5 回	戦時中につき簡易公表	日中戦争
1947	第 6 回	臨時国勢調査	敗戦
1950	第 7 回	常住地主義への切り替え	ベビーブーム
1955	第 8 回		国際社会への復帰
1960	第 9 回	コンピュータ集計の開始	
1965	第 10 回		
1970	第 11 回	地域メッシュ集計	高度経済成長
1975	第 12 回	沖縄返還後初調査	沖縄返還
1980	第 13 回		国際人口センサス
1985	第 14 回		
1990	第 15 回		
1995	第 16 回		
2000	第 17 回		
2005	第 18 回	郵送回収開始	
2010	第 19 回	インターネット回答試験導入	
2015	第 20 回	インターネット回答導入	
2020	第 21 回	感染症により，インターネット回答を勧めて回答しない世帯に調査員が出向く方式を採用し，回答期限も延長	東京オリンピック COVID-19の世界的流行

(2) 世帯の定義

　住居と生計を共にしている人の集まりが 1 つの世帯と定義される。「住居を共にしている」とは，文字通り同じ住居で一緒に暮らしていることを意味する。ただ，「同じ住居」に若干の注意が必要である。例えば，2 階建ての住居に，1 階には親夫婦，2 階には子供夫婦と孫という形で 3 世代 2 世帯で暮らしている場合，階段が屋内に設置されていなければ，同一の住居で暮らしているとはみなされない。

　また，「生計を共にしている」とは，家計収入および家計支出を同じ財布の変化として計上するということである。したがって，例えば会社の寮などに複数人が居住している場合，確かに「住居を共にしている」が，「生計を共にしている」わけではないので，別世帯扱いになる。別の例として，法的に婚姻関係のない者が同じ住居で暮らしている場合でも，生計を共にしていれば一つの世帯としてみなされるのである。

　このように 1 つの世帯とは，「住居」および「生計」という 2 つの観点から定義されるのである。

（例）

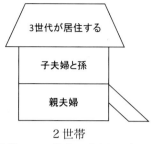

2世帯
屋内に階段がない場合，住居は別とみなす

1世帯
屋内に階段がある場合，住居は同とみなす

4世帯
寮内でも生計を別にしていれば別世帯扱い

3世帯
単身者に婚姻関係等がなくても生計を同に
していればひとつの世帯とみなす

（3）人口構成

①人口ピラミッド

　人口ピラミッドは，性別，年齢別の人口構成を知る手段としてよく用いられる。我が国の人口ピラミッドは，かつてはその名の通り「ピラミッド型」の形状をしていた。しかし，死亡率の低下，二度のベビーブーム（第1次：1947〜49年生まれ，第2次：1971〜74年生まれ）によって，大きな隆起が2つ見られることが日本の人口ピラミッドの特徴となった。また，昭和41年生まれ（2015年の49歳）は丙午世代の生み控えのため，前後の世代より極端に人口が少ないことがわかる。

日本の人口ピラミッド（1970年，1995年，2020年）

1970

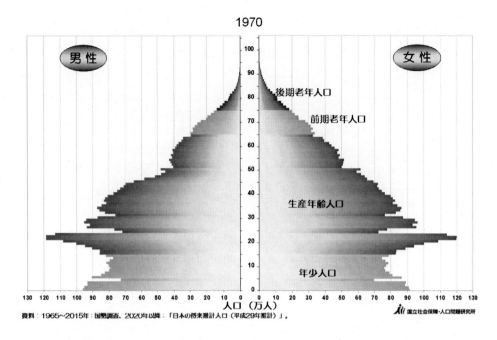

資料：1965～2015年：国勢調査、2020年以降：「日本の将来推計人口（平成29年推計）」。　国立社会保障・人口問題研究所

1995

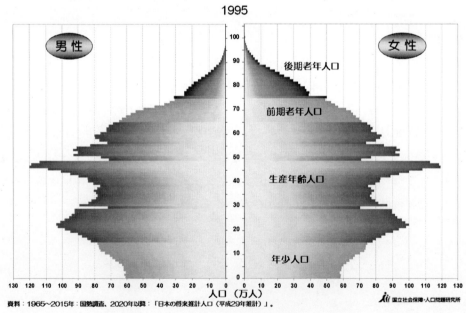

資料：1965～2015年：国勢調査、2020年以降：「日本の将来推計人口（平成29年推計）」。　国立社会保障・人口問題研究所

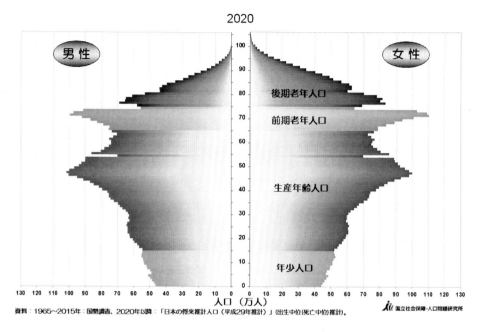

2020

男性　　　　　　　　　　　　　　　女性

後期老年人口
前期老年人口
生産年齢人口
年少人口

人口（万人）

資料：1965～2015年：国勢調査、2020年以降：「日本の将来推計人口（平成29年推計）」（出生中位（死亡中位）推計）。

国立社会保障・人口問題研究所

②年齢区分人口

　人口の年齢区分として，「年少人口（14歳以下）」「生産年齢人口（15~64歳）」「老年人口（65歳以上）」の区分がよく用いられる。戦後日本社会では，老齢人口がほぼ一貫して増加している。生産年齢人口は1990年代以降に減少を始めている。

年齢区分ごとの人口推移

年齢（5歳階級），男女別人口及び人口性比－全国（大正9年～令和2年）

（総務省統計局「国勢調査」より作成）

なお，（年少人口＋老齢人口）÷生産年齢人口で算出される値を従属人口指数といい，働く世代が1人当たり何人の働いていない世代を支えるかという指標として用いられる。

(4) 人口増減の要因

人口増減の要因には，自然増減と社会増減という2つの要因が存在し，それぞれ以下のように定義される。

・自然増減＝出生児数－死亡者数
・社会増減＝入国者数－出国者数＋前月の国籍の異動による純増

また，社会増減については，地域間の人口移動が各地域の人口に与える影響は大きい。都道府県人口の社会増減は，都道府県間の転入と転出の差で表す。具体的には，転出＞転入であれば「社会減」，転出＜転入であれば「社会増」となる。なお，地域間の人口転出・転入のデータは，「統計でみる都道府県・市区町村のすがた（社会・人口統計体系）」で確認することができる。

(5) 地域メッシュ統計

国土を緯度と経度にもとづき網目状の区分にしたものを地域メッシュという。

メッシュ区画

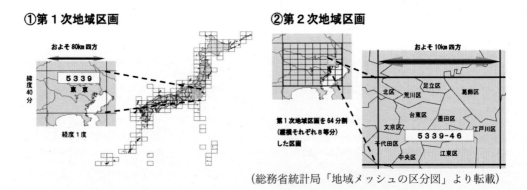

（総務省統計局「地域メッシュの区分図」より転載）

全国の地域を経度1度×緯度40分の長方形（およそ80km四方）で区分した第1次地域区画から，さらに細分化していく。最小単位はおよそ250m四方の4分の1地域メッシュである。国勢調査やその他の統計調査に基づき，メッシュごとの人口や企業・事業所数なども公表される。

第6章　雇用統計

1　主な雇用統計

（1）労働力統計

　労働力統計とは，労働力調査によって得られる労働に関する統計である。労働力調査の基本情報は下記の表の通りである。

所管	総務省統計局
目的	我が国における就業及び不就業の状態を毎月明らかにすることを目的とする。
調査対象	国内に居住している全人口を対象とし，外国政府の外交使節団，領事機関の構成員及びその家族，外国軍隊の軍人・軍属（その家族を含む）は除外される。
調査事項	(1) 基礎調査票 ①全ての世帯員について（世帯主との続き柄など基本事項） ②15歳以上の世帯員について（調査週間の就業状態，仕事の内容，就業時間など） (2) 特定調査票 ①15歳以上の世帯員について（教育の状況，仕事からの年間収入など） ②就業者について（短時間就業及び休業の理由，就業時間増減希望の有無，前職の有無など） ③完全失業者について（求職活動の方法，求職活動の期間，探している仕事の形態など） ④非労働力人口について（就業希望の有無，非求職の理由など） ⑤前職のある者について（前職をやめた時期，前職をやめた理由など）
調査時期	毎月末日（12月は26日）現在。就業状態については，毎月の末日に終わる1週間（12月は20日から26日までの1週間）の状態を調査する。
URL	https://www.stat.go.jp/data/roudou/

　国勢調査の約100万調査区から約2,900調査区を選定し，その調査区内から選定された約4万世帯（特定調査票についてはうち約1万世帯が対象）及びその世帯員が調査対象となる。調査票は，基礎調査票と，1万世帯にのみ配布する詳細調査用の特定調査票の2種類である。

　結果公表は，基本集計と詳細集計で異なる。基本集計については，全国結果は原則として調査月の翌月末に公表され，年平均結果を収録する「労働力調査年報」は調査年の翌年5月に刊行される。詳細集計については，全国結果（四半期及び年平均）は最終調査月の翌々月に公表され，年平均結果を収録する「労働力調査年報」は調査年の翌年5月に刊行される。

（2）就業構造基本統計

　就業構造基本統計とは，就業構造基本調査によって得られる労働に関する統計である。就業構造基本調査の基本情報は下記の表の通りである。

所管	総務省統計局
目的	国民の就業及び不就業の状態を調査し，全国及び地域別の就業構造に関する基礎資料を得ること。
調査対象	国勢調査調査区のうち，総務大臣が指定する調査区について，総務大臣の定める方法により市区町村長が選定した抽出単位（世帯が居住することができる建物又は建物の一部をいう）に居住する 15 歳以上の世帯員を対象。
調査事項	(1) 基本事項：氏名，性別，配偶者有無，続き柄，(2) 訓練・自己啓発，(3) 育児・介護の状況，(4) 有業者について（主な仕事について：従業上地位・勤め先呼称，起業の有無，雇用契約期間の有無・契約期間，更新有無・回数，経営組織・名称・事業内容，仕事内容，従業者数，年間就業日数，就業の規則性，就業時間，年収，就業開始の時期・理由，雇用形態の理由，転職等希望の有無・理由，求職活動の有無，1 年前の就業・不就業状態，前職の有無，主な仕事以外の仕事，前職，初職），(5) 無業者について（就業希望，前職，初職），(6) 世帯に関する事項
調査時期	調査年の 10 月 1 日
URL	https://www.stat.go.jp/data/shugyou/2017/index.html

　標本抽出方法は，第 1 次抽出単位を国勢調査調査区，第 2 次抽出単位を住戸とし，それぞれの抽出単位を層化した後に抽出を行う層化 2 段抽出法によって行われる。調査標本は，この方法により抽出された住戸に居住する 15 歳以上の世帯員全員である。

　また，抽出にあたっては特定の世帯が続けて調査の対象にならないように配慮している。

　調査結果は，調査年翌年の 7 月に公表される。

(3) 賃金構造基本統計

　賃金構造基本統計とは，賃金構造基本統計調査によって得られる労働に関する統計である。賃金構造基本統計調査の基本情報は下記の表の通りである。

所管	厚生労働省
目的	主要産業に雇用される労働者について，その賃金の実態を労働者の雇用形態，就業形態，職種，性，年齢，学歴，勤続年数，経験年数別等に明らかにすること。
調査対象	日本標準産業分類に基づく 16 大産業の事業所で，5 人以上の常用労働者を雇用する民営事業所（5～9 人の事業所については企業規模が 5～9 人の事業所に限る）及び 10 人以上の常用労働者を雇用する公営事業所を対象とする。2021（令和3）年の対象事業所数は78,474事業所。
調査事項	(1) 事業所の属性，(2) 労働者の性，(3) 雇用形態，(4) 就業形態，(5) 学歴，(6) 年齢，(7) 勤続年数，(8) 労働者の種類，(9) 役職，(10) 職種，(11) 経験年数，(12) 実労働日数，(13) 所定内実労働時間数，(14) 超過実労働時間数，(15) きまって支給する現金給与額，(16) 超過労働給与額，(17) 調査前年 1 年間の賞与，(18) 期末手当等特別給与額，(19)在留資格
調査時期	調査年 6 月分の賃金等（賞与，期末手当等特別給与額については調査前年 1 年間）について，7 月に調査を行う。
結果公表	初任給の概況（11 月中旬），都道府県別速報（翌年 1 月中旬），全国結果の概況（翌年 2 月下旬），報告書（翌年 6 月末刊行）
URL	https://www.mhlw.go.jp/toukei/list/chinginkouzou.html

標本設計は，事業所を第1次抽出単位，労働者を第2次抽出単位とする層化二段抽出法（事業所の層化は，都道府県，産業及び事業所規模別に行う）を採用している。調査票は事業所票および個人票からなる。

（4）毎月勤労統計

毎月勤労統計とは，毎月勤労統計調査によって得られた賃金，労働時間及び雇用の変動に関する統計である。毎月勤労統計調査の基本情報は下記の表の通りである。

所管	厚生労働省
目的	雇用，給与及び労働時間についてその全国的，都道府県別の変動を毎月明らかにすること。
調査対象	日本標準産業分類に基づく16大産業に属する事業所であって常用労働者を雇用するもののうち，常時5人以上を雇用する事業所（「船員」は調査の対象から除外）。
調査事項	(1) 主要な生産品の名称又は事業の内容 (2) 調査期間及び操業日数 (3) 企業規模 (4) 常用労働者の事項（性別異動状況，性別労働者数，性別出勤日数，性別所定内労働時間数及び性別所定外労働時間数，性別きまって支給する給与額，超過労働給与額，性別特別に支払われた給与額，特別に支払われた給与の名称別金額） (5) パートタイム労働者の事項（異動状況，性別労働者数，出勤日数，所定内労働時間数及び所定外労働時間数，きまって支給する給与額，超過労働給与額及び特別に支払われた給与額） (6) 雇用，給与及び労働時間の変動に関連する事項
調査時期	毎月末現在（給与締切日の定めがある場合には，毎月最終給与締切日現在）
URL	https://www.mhlw.go.jp/toukei/list/30-1.html

抽出方法は，第一種事業所，第二種事業所で別れている。第一種事業所（規模30人以上）は，事業所母集団データベースの年次フレームに基づいて作成した事業所全数リストを抽出のための母集団フレームとし，そこから産業，事業所規模別に標本事業所を無作為に抽出する。第二種事業所（規模5〜29人）は，二段抽出法によって抽出する。第一段は，センサスの「調査区」に基づき，毎勤調査区（第二種事業所）を母集団フレームとし，抽出に当たってはこれを5の層に分け各層ごとに，所定の抽出率によって調査区を抽出する。第二段は，抽出した調査区について，あらかじめ，5〜29人規模事業所の名簿を作成し，次に，この名簿から産業別に標本事業所を無作為に抽出する。

調査票は，全国調査票，地方調査票，特別調査票がある。

2 雇用統計のポイント

（1）就業状態の把握

就業状態の把握は，調査によって異なる定義が用いられる。分類方法はアクチュアル（actual）方式，ユージュアル（usual）方式の2種類が用いられ，前者の方式は労働力

調査，後者は就業構造基本調査で採用されている。

　アクチュアル方式は，労働力方式あるいは現在方式とも呼ばれ，1週間あるいは1日というある特定の（調査）期間にどのような行動を行っていたかを捉えようとするものである。一方で，ユージュアル方式は，有業者方式あるいは平常方式とも呼ばれ，調査時点を離れて，普段の状態を捉えようとするものである。アクチュアル方式は，特定の期間の行動に着目するため，普段失業している人がたまたまその期間中に少しでもアルバイトをしていたケースは，就業していたとみなされてしまう。ユージュアル方式では，「普段の状態」の定義が明確ではないが，我々の実感に合った状態にアプローチすることができる。

●アクチュアル方式

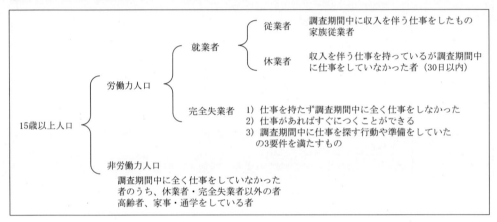

●ユージュアル方式

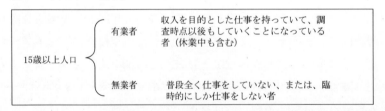

（総務省統計局「労働力調査の解説（令和元年6月版）」ウェブサイトより作成）
参考URL：https://www.stat.go.jp/data/roudou/10.html

(2) 完全失業率

　完全失業率とは，「労働力人口」に占める「完全失業者」の割合である。

$$\frac{完全失業者数}{労働力人口} = 完全失業率$$

労働力人口とは「今現在，働く意思がある人々の総数」，完全失業者とは「1週間連続して就職機会がない状態」と定義される。気をつけなければならないのは，分母を「総人口」と誤解してしまうことである。総人口にしてしまえば，労働能力のない幼児，家事に専業している男女，定年退職後の高齢者など，働く意思を持っていないことが自然な状態の人々まで含まれてしまうことになる。働く意思を持っていない人々，または働いていないことが自然な状態の人々を非労働力人口と呼ぶ。このように，総人口，労働力人口，非労働力人口には次のような関係が成り立つ。

　　　総人口＝労働力人口＋非労働力人口

また，働く意思のある人々である労働力人口の中で，職に就いている人々を就業者と呼ぶ。失業者は「働く意思があって，求職活動をしているにもかかわらず，職に就けていない人々」であるので，労働力人口，就業者，失業者には次のような関係が成り立つ。

　　　労働力人口＝就業者＋失業者

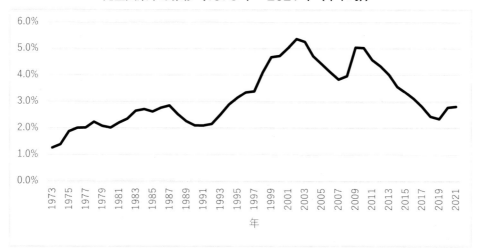

完全失業率の推移（1973年〜2021年（年平均））

（総務省統計局「労働力調査」より作成）

第7章　生活関連統計

1　主な生活関連統計

（1）家計統計

　家計統計とは，家計調査によって得られた家計の収入・支出，貯蓄・負債などに関する統計データである。家計調査の基本情報は下記の表の通りである。

所管	総務省統計局
目的	国民生活における家計収支の実態を把握し，国の経済政策・社会政策の立案のための基礎資料を提供すること。
調査対象	全国の世帯。ただし，下記に掲げる世帯等は世帯としての収入と支出を正確に計ることが難しいことなどの理由から，調査を行っていない。 (1) 学生の単身世帯 (2) 病院・療養所の入院者，矯正施設の入所者等の世帯 (3) 料理飲食店，旅館又は下宿屋（寄宿舎を含む）を営む併用住宅の世帯 (4) 賄い付きの同居人がいる世帯 (5) 住み込みの営業上の使用人が4人以上いる世帯 (6) 世帯主が長期間（3か月以上）不在の世帯 (7) 外国人世帯
調査事項	・日々の家計上の収入及び支出 　（勤労者世帯及び勤労者以外の世帯のうち無職世帯・勤労者以外の世帯については支出のみ） ・世帯及び世帯員の属性，住居の状態に関する事項 ・過去1年間の収入 ・貯蓄・負債の保有状況及び住宅などの土地建物の購入計画について（二人以上の世帯）
調査時期	毎月
参考URL	https://www.stat.go.jp/data/kakei/index.html

　家計調査は標本調査であり，層化3段抽出法（第1段―市町村，第2段―単位区，第3段―世帯）により世帯を選定している。選定にあたっては特定の世帯が続けて調査の対象にならないように配慮している。

　調査の流れは次の通りである。

・総務省統計局―都道府県―指導員―調査員―世帯

　二人以上の世帯の調査結果は，原則として，調査月翌々月上旬に公表する。また，年平均（品目別は年計）の結果をまとめた「家計調査年報」を翌年6月ごろに刊行する。単身世帯及び総世帯の家計収支に関する結果並びに二人以上の世帯の貯蓄・負債に関する結果は，四半期ごとに公表する。

(2) 全国家計構造統計

全国家計構造統計 (旧：全国消費実態調査) とは，全国家計構造調査によって得られた家計における消費，所得，資産及び負債の実態などに関する統計データである。全国家計構造調査の基本情報は下記の表の通りである。

所管	総務省統計局
目的	家計における消費，所得，資産及び負債の実態を総合的に把握し，世帯の所得分布及び消費の水準，構造等を全国的及び地域別に明らかにすること。 1959 (昭和 34) 年以来 5 年ごとに実施してきた「全国消費実態調査」を全面的に見直して実施するものであり，2019 (令和元) 年調査は 13 回目に当たる。
調査対象	全国から無作為に選定した約 90,000 世帯
調査事項	(1) 市町村調査： 日々の家計の収入と支出，年間収入，預貯金などの金融資産，借入金，世帯構成，世帯員の就業・就学状況，現住居の状況 (床面積，建築時期など)，現住居以外の住宅・宅地の保有状況を調査。「家計簿」，「年収・貯蓄等調査票」及び「世帯票」の 3 種類の調査票を用いる。 (2) 都道府県調査 (「家計調査」調査対象世帯への追加調査) 「家計調査」に回答した世帯の中から，以下のいずれかの調査をお願いする。 ①家計調査世帯特別調査 ②個人収支状況調査
調査時期	2019 (令和元) 年10月及び 11 月の 2 か月間実施
参考 URL	https://www.stat.go.jp/data/zenkokukakei/2019/index.html

調査期間が全国消費実態調査の 3 ヶ月から 2 ヶ月に変更になっているのはデータを見る上で重要な変更点になる。調査員が調査対象世帯に調査票を配布し，インターネット回答，調査員に提出，郵送により提出 (「簡易調査」の場合) のいずれかを回答者が選択できる。調査事項には「市町村調査」，「都道府県調査」があり，2019 (令和元) 年調査で後者については，家計調査と一体的に実施した。

(3) 国民生活基礎統計

国民生活基礎統計とは，国民生活基礎調査によって得られた保健，医療，福祉，年金，所得等国民生活の基礎的事項に関する統計データである。国民生活基礎調査の基本情報は下記の表の通りである。

所管	厚生労働省
目的	保健，医療，福祉，年金，所得等国民生活の基礎的事項を調査し，厚生労働行政の企画及び運営に必要な基礎資料を得るとともに，各種調査の調査客体を抽出するための親標本を設定すること。
調査対象	調査対象 (1) 大規模調査：全国の世帯及び世帯員 (2) 簡易調査：全国の世帯及び世帯員
調査事項	(1) 世帯票 単独世帯の状況，5 月中の家計支出総額，世帯主との続柄，性，出生年月，配偶者の有無，医療保険の加入状況，公的年金・恩給の受給状況，公的年金の加入状況，就業状況等

	(2) 健康票： 自覚症状，通院，日常生活への影響，健康意識，悩みやストレスの状況，こころの状態，健康診断等の受診状況等 (3) 介護票： 介護が必要な者の性別と出生年月，要介護度の状況，介護が必要となった原因，介護サービスの利用状況，主に介護する者の介護時間，家族等と事業者による主な介護内容等 (4) 所得票： 前年1年間の所得の種類別金額・課税等の状況，生活意識の状況等 (5) 貯蓄票： 貯蓄現在高，借入金残高等
調査時期	大規模調査は3年毎，簡易調査を中間各年に実施 世帯票・健康票・介護票：6月 所得票・貯蓄票：7月 ※健康票，介護票及び貯蓄票：大規模調査年のみ調査
参考URL	https://www.mhlw.go.jp/toukei/list/20-21.html

調査の流れは，以下の通りである。

- 世帯票・健康票・介護票：厚生労働省―都道府県―保健所―指導員―調査員―世帯
- 所得票・貯蓄票：厚生労働省―都道府県―福祉事務所―指導員―調査員―世帯

(4) 社会生活基本統計

社会生活基本統計とは，社会生活基本調査によって得られた生活時間の配分や余暇時間における主な活動の状況など，国民の社会生活の実態を明らかにするための基礎資料に関する統計データである。社会生活基本調査の基本情報は下記の表の通りである。

所管	総務省統計局
目的	生活時間の配分や余暇時間における主な活動の状況など，国民の社会生活の実態を明らかにするための基礎資料を得ること。
調査対象	指定する調査区（全国で約7,600調査区）内にある世帯のうちから、無作為に選定した約9万1千世帯の10歳以上の世帯員約19万人を対象とした。(2021(令和3)年調査)。 また，次に掲げるものは調査対象から除外する。 (1) 外国の外交団，領事団（随員やその家族を含む） (2) 外国軍隊の軍人，軍属とその家族 (3) 自衛隊の営舎内又は艦船内の居住者 (4) 刑務所，拘置所に収容されている人 (5) 少年院，婦人補導院の在院者 (6) 社会福祉施設に入所している人 (7) 病院，療養所などに入院している人 (8) 水上に住居のある人
調査事項	(1) すべての世帯員に関する事項 (2)10歳未満の世帯員に関する事項 (3)10歳以上の世帯員に関する事項 (4)15歳以上の世帯員に関する事項 (5) 世帯に関する事項
調査時期	5年（10月上旬から中旬に調査票を配布し，10月下旬に取集）

参考 URL	https://www.stat.go.jp/data/shakai/2021/index.html

2016（平成28）年調査は，第1次抽出単位を国勢調査調査区（以下「調査区」という）とし，第2次抽出単位を世帯とする層化2段抽出法によって行った。

調査の流れは以下の通りである。

・総務省統計局－都道府県－指導員－調査員－世帯

調査の結果は，集計の完了したものから順次，インターネットを利用する方法等により公表する。

2　生活関連統計のポイント

家計調査によって得られる家計統計は，消費統計の代表的なものである。家計消費にあたる「支出総額」は，「実支出」，「実支出以外の支出」及び「繰越金」から成り，「支出総額」＝「収入総額」となる。また，「実支出」＝「消費支出」＋「非消費支出」（↔「非消費支出」＝「実支出」－「消費支出」）であり，「消費支出」と「非消費支出」は以下のように説明される。

（なお，「実収入」－「非消費支出」＝「可処分所得」となる）

消費支出	原則として日常の生活を営むに当たり必要な商品やサービスを購入して支払った現金支出及びカード，商品券等を用いた支出。仕送り金や贈与金等の移転的支出も含まれる。なお，商品やサービスの購入と一体となって徴収される消費税，自動車取得税等も消費支出に含まれる。また，目的により，食料，住居，光熱・水道，家具・家事用品，被服及び履物，保健医療，交通・通信，教育，教養娯楽及び「その他の消費支出」に大別される。
非消費支出	税金や社会保険料など世帯の自由にならない支出及び借金利子などから成る。

（1）消費支出の動向

消費支出（いわゆる生活費）は季節的な周期が強く現れ，一般的に3月や12月に高くなる傾向がある。近年では，2019（令和元）年10月の消費税増税を受け，直前に駆け込み需要として高い値を示した。2020（令和2）年2月下旬からは感染症の流行を受けた緊急事態宣言により，消費支出が大きく減少した。

一世帯あたり消費支出の推移（2人以上世帯：2019年〜2021年月次）

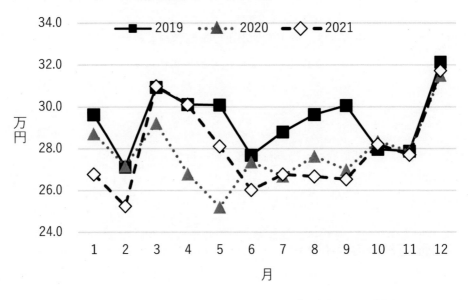

（総務省統計局「家計調査」より作成）

可処分所得（消費支出 + 黒字）の推移
（2人以上の世帯のうち勤労者世帯、1か月あたり：2000年〜2021年）

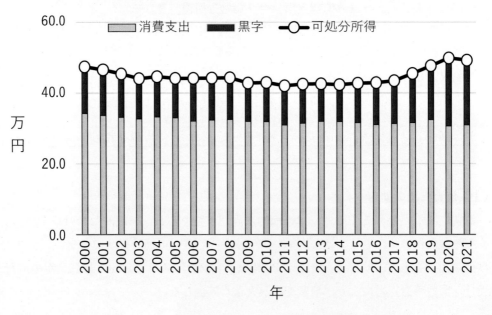

（総務省統計局「家計調査」より作成）

第8章　物価統計

1　主な物価統計

（1）小売物価統計調査（動向編）

　動向編では，毎月，主要都市の物価を提供する。時系列で，その地域の価格がどのように変動しているのかを見るのに適している。調査の基本情報は以下の表の通りである。

所管	総務省統計局
目的	国民の消費生活上重要な商品の小売価格，サービス料金及び家賃を全国的規模で小売店舗，サービス事業所，関係機関及び世帯から毎月調査し，消費者物価指数（CPI）その他物価に関する基礎資料を得ること。
調査対象・調査事項	(1) 価格調査：店舗・事業所 (2) 家賃調査：民営借家世帯 (3) 宿泊料調査：旅館・ホテル
調査時期	毎月
参考 URL	https://www.stat.go.jp/data/kouri/doukou/index.html

　調査の流れは以下の通りである。

- 総務省統計局－都道府県－指導員－調査員－店舗・事業所，民営借家世帯，旅館・ホテル

（2）小売物価統計調査（構造編）

　構造編では，約1年に1度，地域別の価格水準や，店舗形態による価格差を提供する。都道府県間の物価比較や店舗形態別の価格比較などに適している。調査の基本情報は以下の表の通りである。

所管	総務省統計局
目的	国民の消費生活において重要な商品の小売価格及びサービスの料金について調査し，毎月の動向及び地域別，事業所の形態別等の物価を明らかにすること。
調査対象	(1) 地域別価格差調査： 「動向編」の調査地域となっていない全国の都道府県庁所在市以外の市（91市） なお，調査市は，定期的に見直しを行っている。 (2) 店舗形態別価格調査： 全国の道府県庁所在市（46市） (3) 銘柄別価格調査： 東京都区部（1市）
調査事項	小売価格及びサービスの料金
調査時期	(1) 地域別価格差調査： 奇数月の12日を含む週の水曜日，木曜日又は金曜日のいずれか1日。 (2) 店舗形態別価格調査： 偶数月の12日を含む週の水曜日，木曜日又は金曜日のいずれか1日。

	(3) 銘柄別価格調査： 偶数月の 12 日を含む週の水曜日，木曜日又は金曜日のいずれか 1 日。
参考 URL	https://www.stat.go.jp/data/kouri/kouzou/index.html

調査の流れは以下の通りである。

・総務省統計局－都道府県－指導員－調査員－報告者

集計結果は，原則として調査年の翌年の 6 月までに公表する。

(3) 消費者物価指数（Consumer Price Index：CPI）

所管	総務省統計局
目的	全国の世帯が購入する家計に係る財及びサービスの価格等を総合した物価の変動を時系列的に測定すること。
指数の対象	指数の計算に採用する品目（以下「指数品目」又は単に「品目」という。）は，世帯が購入する多種多様な財及びサービス全体の物価変動を代表できるように，家計の消費支出の中で重要度が高いこと，価格変動の面で代表性があること，継続調査が可能であることなどの観点から選定した 582 品目とする。 指数品目については「2020 年基準消費者物価指数品目情報一覧」参照
指数の算出方法	基準時固定ウエイトラスパイレス式
公表時期	毎月
調査の流れ	小売物価統計調査と家計調査によって得られたデータから算出する加工統計
参考 URL	https://www.stat.go.jp/data/cpi/index.html https://www.stat.go.jp/data/cpi/2020/kaisetsu/index.html

(4) 企業物価指数（Corporate Goods Price Index：CGPI）

所管	日本銀行
目的	企業間で取引される財に関する価格の集約を通じて，財の需給動向を把握し，景気動向ひいては金融政策を判断するための材料を提供すること。
指数の対象	企業間で取引される財の価格。 (1) 調査価格数（2016 年 10 月時点）： 国内企業物価指数が 5743，輸出物価指数が 1288，輸入物価指数が 1576。 (2) 採用品目数： 国内企業物価指数が 746，輸出物価指数が 209，輸入物価指数が 258 品目。
指数の算出方法	基準時固定ウエイトラスパイレス式
公表時期	毎月
参考 URL	https://www.boj.or.jp/statistics/pi/index.htm/

2 物価統計のポイント
(1) 消費者物価指数

消費者物価指数（Consumer Price Index：CPI）は，物価の変動を時系列的に測定する指標で，小売価格調査をもとに算出される。ある時点の消費行動を基準として，同等のものを購入する場合に必要な費用の変動を示す。特定の期間の値を基準値（＝ 100）

とし，月ごとに算出される。基準となるのは，例えば2010（平成22）年や2015（平成27）年など西暦年下一桁が0または5の年であり，基準年5年ごとに改正されている（企業物価指数も同様）。この基準年における基準値（＝100）を上回っていればインフレーション，下回っていればデフレーションと判断する。下記のように，各月の名目消費支出を消費者物価指数で割ると実質消費支出となる（物価指数の詳細については「D　統計データ分析」の「13章　変化の記述」を参照）。

$$\frac{名目消費支出}{消費者物価指数} = 実質消費支出$$

なお，結果は各種経済施策や年金の改定などに利用されている。

(2) 企業物価指数

企業物価指数（Corporate Goods Price Index：CGPI）は，企業間で取引される製品や原材料など，財の物価の変動を集約的に測定する指標である。かつては卸売物価指数と呼ばれていた。国内企業物価指数（国内取引の価格），輸出物価指数（輸出品の価格），輸入物価指数（輸入品の価格）から構成される。

また，企業間で取引されるサービス（金融・保険・不動産賃貸・運輸・情報通信・広告・リース・レンタルなど）の価格の変動を測定する指数を企業向けサービス価格指数（Corporate Services Price Index：CSPI）と呼ぶ。

(3) 消費者物価指数と企業物価指数の推移

消費者物価指数および企業物価指数は下のグラフの通り推移してきている。第一に，高度経済成長期（1960年〜1972年頃）にかけて，消費者物価指数・企業物価指数ともに緩やかに上昇し続けていた。第二に，1973（昭和48）年の第一次石油危機を境に，両指数とも上昇傾向が急激になっている。第三に，1990年代以降，2000年代前半には若干の上昇が見られるものの，いずれの指数も緩やかな下降傾向にあったが，2010年頃から長期で横ばいの傾向が続いている。

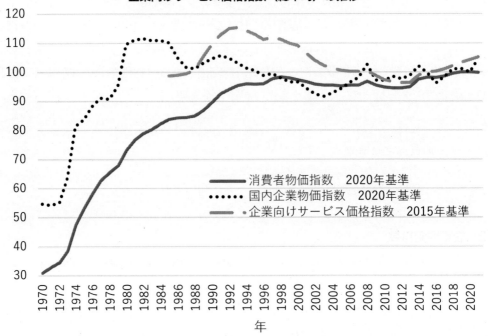

消費者物価指数（総合），国内企業物価指数（総平均），
企業向けサービス価格指数（総平均）の推移

凡例:
消費者物価指数　2020年基準
国内企業物価指数　2020年基準
企業向けサービス価格指数　2015年基準

（総務省統計局「消費者物価指数」，日本銀行「物価関連統計」より作成。「消費者物価指数」、「国内企業物価指数」は 2020 年基準、「企業向けサービス価格指数」は 2015 年基準）

第9章 産業・企業統計

1 主な産業・企業統計

(1) 経済構造統計 (全体像)

　経済構造統計とは，5年ごとに実施される経済センサス－活動調査，経済センサス－基礎調査（甲調査）に加え，その中間年（経済センサス－活動調査を行う年を除いたすべての年）の実態を調査する経済センサス－基礎調査（乙調査），経済構造実態調査（いずれも後述）から構成される。経済構造実態調査は，工業統計調査，商業統計調査，特定サービス産業実態調査，サービス産業動向調査の4調査を統合・再編し，2019（令和元）年から新しく始まった調査である。各調査の関係は，下の表の通りである。

経済構造統計	経済センサス－活動調査（5年ごと） 活動調査実施時は，工業統計調査と統合して調査し，商業統計調査，特定サービス産業実態調査の範囲も網羅する。		
	経済センサス－基礎調査（5年ごと） ※ 2019（令和元）年度調査は，6月1日から翌年3月31日にかけ（10か月間），全国民営事業所を順次調査，4月1日から6月1日にかけ（3か月間），すべての公営事業所を調査。		
	中間年	経済構造実態調査（新規）	工業統計調査（統合）
			商業統計調査（統合）
			特定サービス産業実態調査（統合）
			サービス産業動向調査（統合）

(2) 経済センサス

所管	総務省統計局
目的	・事業所及び企業の経済活動状態を明らかにし，包括的な産業構造を明らかにすること。 ・事業所・企業を対象とする各種統計調査の実施のための母集団情報を整備すること。

　経済センサスは，基礎調査と活動調査の二つから成る。基礎調査と活動調査のそれぞれの基本情報は次の表の通りである。

経済センサス―基礎調査

目的	・すべての産業分野における事業所の活動状態等の基本的構造を全国及び地域別に明らかにすること。 ・事業所・企業を対象とする各種統計調査の母集団情報を整備すること。
調査対象	(1) 日本標準産業分類に掲げる産業に属する事業所のうち，次の各号に掲げる事業所を除く事業所 ・大分類A－農業・林業に属する事業所で個人の経営に係るもの ・大分類B－漁業に属する事業所で個人の経営に係るもの ・大分類N－生活関連サービス業，娯楽業のうち，中分類79－その他の生活 (2) 関連サービス業（小分類792－家事サービス業に限る）に属する事業所 ・大分類R－サービス業（他に分類されないもの）のうち，中分類96－外国公務に属する事業所
調査事項	(1) 甲調査（民間の事業所を対象） ・事業所に関する事項： ①名称，②電話番号，③所在地，④開設時期，⑤従業者数，⑥事業の種類，⑦業態，⑧単独事業所・本所・支所の別，⑨年間総売上（収入）金額 ・企業に関する事項： ①経営組織，②資本金等の額，③外国資本比率，④決算月，⑤持株会社か否か，⑥親会社の有無，⑦親会社の名称，⑧親会社の所在地及び電話番号，⑨子会社の有無及び子会社の数，⑩法人全体の常用雇用者数，⑪法人全体の主な事業の種類，⑫国内及び海外の支所等の有無及び支所等の数，⑬本所の名称，⑭本所の所在地及び電話番号，⑮年間総売上（収入）金額 (2) 乙調査（公営の事業所を対象） ①名称，②電話番号，③所在地，④職員数，⑤事業の種類，⑥事業の委託先の名称，電話番号及び所在地
調査時期	5年ごと
参考URL	https://www.stat.go.jp/data/e-census/2019/index.html

調査の流れは以下の通りである。

⎣甲調査⎤

・調査員調査：総務省統計局―都道府県―市町村―統計調査員―報告者

⎣乙調査⎤

・国による調査：総務省統計局―報告者

・都道府県による調査：総務省統計局―都道府県―報告者

・市町村による調査：総務省統計局―都道府県―市町村―報告者

経済センサス―活動調査

目的	全産業分野における事業所及び企業の経済活動の実態を全国及び地域別に明らかにするとともに，事業所及び企業を調査対象とする各種統計調査の精度向上に資する母集団情報を得ること。
調査対象	以下に掲げる事業所を除くすべての事業所及び企業。 ・日本標準産業分類大分類Ａ－農業，林業に属する個人経営の事業所 ・日本標準産業分類大分類Ｂ－漁業に属する個人経営の事業所 ・日本標準産業分類大分類Ｎ－生活関連サービス業，娯楽業のうち，小分類792－家事サービス業に属する事業所 ・日本標準産業分類大分類Ｒ－サービス業（他に分類されないもの）のうち，中分類96－外国公務に属する事業所
調査事項	(1) 甲調査（国及び地方公共団体の事業所以外の事業所を対象） ・基礎項目： 　①名称，②電話番号，③所在地，④経営組織，⑤従業者数，⑥主な事業の内容　など ・経理項目： 　①資本金等の額，②外国資本比率，③売上（収入）金額，④費用総額及び費用項目，⑤事業別売上（収入）金額　など (2) 乙調査（公営の事業所を対象） 　①名称，②電話番号，③所在地，④職員数，⑤主な事業の内容
調査時期	5年ごと
参考URL	https://www.stat.go.jp/data/e-census/2021/index.html

甲調査

・調査員調査の実施対象：新設された事業所など

　　総務省統計局・経済産業省－都道府県－市町村－指導員－調査員－調査事業所

・直轄調査：支所等がある企業など

　　総務省統計局・経済産業省－（都道府県）－（市）－調査事業所

乙調査

・インターネット調査

　　総務省統計局・経済産業省－（都道府県）－（市）－調査事業所

(3) 経済構造実態調査

　経済構造実態調査は，2019（令和元）年から始まった統計調査であり，サービス産業動向調査（総務省），商業統計調査（経済産業省）及び特定サービス産業実態調査（経済産業省）の3調査を統合・再編したものである。さらに2022年から工業統計調査も統合してその範囲をカバーするようになった。

　国内総生産（GDP）の大半を占める主要産業の経済構造とその変化について，毎年，より的確に把握することを目的としている。国民経済計算の精度向上を図り，より正確な景気判断や経済構造の把握に基づく効果的な行政施策の立案および企業の経営判断等

81

を可能にすることを目指すものである。調査方法はオンライン調査と郵送調査である。経済構造実態調査の基本情報は下記の表の通りである。

所管	総務省統計局
目的	製造業及びサービス産業の付加価値等の構造を明らかにし，国民経済計算の精度向上等に資するとともに，5年ごとに実施する「経済センサス-活動調査」の中間年の実態を把握すること。
調査対象	甲調査：製造業及びサービス産業に属する一定規模以上の全ての法人企業 乙調査：特定のサービス産業に属する企業及び事業所
調査事項	経営組織，資本金等の額，企業全体の売上及び費用の金額，主な事業の内容，事業活動の内容及び事業活動別売上金額　など。
調査時期	毎年，ただし経済センサス-活動調査実施時は同調査に統合して実施される。
参考 URL	https://www.stat.go.jp/data/kkj/index.html

(4) 鉱工業指数（Indices of Industrial Production：IIP）

所管	経済産業省
目的	鉱工業製品を生産する国内の事業所における生産，出荷，在庫に係る諸活動，製造工業の設備の稼働状況，各種設備の生産能力の動向の把握を行うこと。
指数の対象	(1) 生産指数：鉱工業生産活動の全体的な水準の推移を示す (2) 出荷指数：生産活動によって産出された製品の出荷動向を総合的に表すことにより，鉱工業製品に対する需要動向を観察する (3) 在庫指数：生産活動によって産出された製品が出荷されずに生産者の段階に残っている在庫の動きを示す (4) 在庫率指数：在庫とその出荷の比率の推移をみることにより，生産活動により産出された製品の需給状況を示す (5) 生産能力指数：製造工業の生産能力を，操業日数や設備，労働力に一定の基準を設け，これらの条件が標準的な状態で生産可能な最大生産量を能力として定義し，これを指数化したもの (6) 稼働率指数：製造工業の設備の稼働状況を表すために，生産量と生産能力の比から求めた指数
指数の算出方法	ラスパイレス式
公表時期	毎月
参考 URL	https://www.meti.go.jp/statistics/tyo/iip/gaiyo.html

(5) 法人企業統計

所管	財務省　財務総合政策研究所
目的	法人の企業活動の実態を明らかにし，あわせて法人を対象とする各種統計調査のための基礎となる法人名簿を整備すること。
調査対象	営利法人等を対象とする標本調査（四半期別調査は資本金1,000万円以上） また，2008（平成20）年度調査から「金融業，保険業」を調査対象に含めている。
調査事項	(1) 年次別調査： 法人の名称その他法人に関する一般的事項，業種別売上高，資産・負債及び純資産，損益剰余金の配当，減価償却費，費用，役員・従業員数 (2) 四半期別調査： 法人の名称その他法人に関する一般的事項，業種別売上高，資産・負債及び純資産，固定資産の増減，投資その他の資産の内訳，最近決算期の減価償却費，損益，人件費

調査時期	・年次別調査 （上期）調査票送付：12 月上旬，調査票提出期限：1 月 10 日 （下期）調査票送付：6 月上旬，調査票提出期限：7 月 10 日 ・四半期別調査 調査票送付：6 月下旬, 10 月中旬, 1 月中旬, 4 月中旬, 調査票提出期限：翌月 10 日
調査方法	郵送またはオンライン
参考 URL	https://www.mof.go.jp/pri/reference/ssc/index.htm

2　産業・企業統計のポイント

(1) 事業所の定義

　経済活動が行われている場所ごとの単位で，原則として次の要件を備えているものをいう。

　①一定の場所（1区画）を占めて，単一の経営主体のもとで経済活動が行われていること。

　②従業者と設備を有して，物の生産や販売，サービスの提供が継続的に行われていること。

(例)

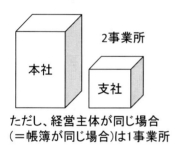

ただし、経営主体が同じ場合
（＝帳簿が同じ場合）は1事業所

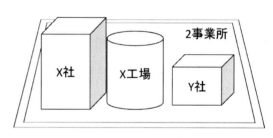

同じ区画にあっても別個の経営
主体なら別事業所。同一構内の
工場は本社と同じ経営主体

(2) 従業者の定義

　調査日現在，当該事業所に所属して働いているすべての人（他の会社や下請先などの別経営の事業所へ出向又は派遣も含まれる）をいう。一方，当該事業所で働いている人であっても，他の会社などの別経営の事業所から出向又は派遣など，当該事業所から賃金・給与（現物給与を含む）を支給されていない人は従業者に含めない。なお，個人経営の事業所の家族従業者は，賃金・給与を支給されていなくても従業者とした。

（総務省統計局経済センサス - 基礎調査用語の解説より）
参考 URL：https://www.stat.go.jp/data/e-census/2019/yougo.html

(3) 在庫指数

　鉱工業指数の一つで，製品または原材料の在庫量の変動を把握するため，例えば2010（平成22）年や2015（平成27）年といったある特定時点の基準（＝100）で指数化したもの。

　経済活動によって産出された製品・原材料の出荷状況を表しており，その市場における需給状況を把握することができるため，設備投資と並び，景気循環・景気動向を分析するために有効な指標の一つである。一般的に言えば，景気が上向き始めたとき（需要＞供給となっており，緩やかなインフレ状況になりつつあるとき）には，まず在庫量は減少し始める（「意図せざる在庫減少」）。生産者は販売機会を逃すまいと，需要に供給を追いつかせようと積極的に原材料の購入量を増加させるため，まず原材料の在庫が上昇する。その後，好況が継続するにつれて，仕掛品（＝製造工程が完了していない中間生産物）在庫の増大，製品在庫の増大へとつながっていく（「意図した在庫増大」）。一方で，経済が不況期に入っていき生産者の「期待」が減退していくにつれ，逆の流れが生じることになる（「意図せざる在庫増大」⇒「意図した在庫減少」）。もちろんこれは一般的な理解であって，景気の動向と在庫に関する生産者の意思決定にギャップが十分に生じ得ることは念頭に置く必要がある。

　在庫指数には，「生産者製品在庫指数」，「販売業者製品在庫指数」，「原材料在庫指数」の3種類があり，生産動態統計，需給統計などを元に毎月作成されている。なお，半製品・仕掛品，流通に関する在庫は，これらの統計からは把握することはできない。

（経済産業省「鉱工業指数の概要」参考）

参考 URL：https://www.meti.go.jp/statistics/tyo/iip/gaiyo.html

第 10 章　国民経済計算

1　主な経済統計

(1) 国民経済計算（GDP 統計）

所管	内閣府　経済社会総合研究所
目的	経済の全体像を国際比較可能な形で体系的に記録すること。
作成方法	国連の定める国際基準（2008SNA，2008 年版国民経済計算体系）に準拠。
統計表	国民所得統計，産業連関表，資金循環統計，国民貸借対照表，国際収支統計
公表時期	• 四半期別 GDP 速報 (QE)：1 次は当該四半期終了後の 1 カ月 2 週間，2 次 QE は 2 カ月と 10 日 • 国民経済計算年次推計：年 1 回公表（12 月から翌年 3 月まで段階的に公開）
参考 URL	https://www.esri.cao.go.jp/jp/sna/menu.html

(2) 産業連関表

所管	総務省 ※
目的	経済構造を総体的に明らかにするとともに，経済波及効果分析や各種経済指標の基準改定を行うための基礎資料を提供すること。
作成方法	一定期間（通常 1 年間）において，財・サービスが各生産物・産業部門間でどのように生産され，販売されたかについて，行列（マトリックス）の形で一覧表を作成する。
統計表	産業連関表（全国表），地域産業連関表，都道府県・市産業連関表，延長産業連関表，国際産業連関表，各種分析用産業連関表など。
公表時期	2015（平成 27）年版は，2019（令和元）年 6 月に公表
参考 URL	https://www.soumu.go.jp/toukei_toukatsu/data/io/index.htm

※国の産業連関表は 10 府省庁が所管し，総務省が取りまとめている。

　利用する上で，経済統計の表章では 100 万円単位と 10 億円単位の 2 種類がある。経済センサス，産業連関表は 100 万円である一方，国民経済計算は 10 億円単位となっている。調査などで主活動で 100 万円に達しない場合は，事業とはみなされないものとして計上されない。日本円は主要国通貨として大変桁数が多い統計である。また日本でデータを作成して国際機関で公表するデータも多くある。そのため国内比較が多い統計は 100 万円単位を利用するが，国際比較する上では 10 億円単位が利用される。2020 年表までは生産物 × 生産物表を直接推計する方式を採用してきた。2025 年に供給・使用表を一度作成し，そこから生産物 × 生産物表を推計する，供給使用体系（政府統計では「供給使用表体系」と称している）への転換が予定されている。

2　国民経済計算のポイント

(1) 国民経済計算 (System of National Accounts : SNA)

　国民経済計算（SNA）は，一国の経済の状況について，生産，消費，投資といったフロー面や，資産，負債といったストック面を体系的に記録することをねらいとする国際的な基準，モノサシであり，言い換えれば，企業の財務諸表作成における企業会計原則に相当する一国経済の会計原則が，国民経済計算である。2008SNAとは，国連が加盟各国にその導入を勧告した，最新の国民経済計算の体系の名称である。

　これまで，日本をはじめ世界の多くの国がSNAという基準に従って，所得水準や経済成長率などの国際的な比較を行い，各国の経済の実態を明らかにしてきた。SNAは，世界各国が共通の基準に基づいて作成することが必要である。

(2) 国内総生産 (Gross Domestic Product : GDP)

　ある地域において1年間に生産された生産物の総付加価値のことで，経済規模を表す。GDPには，物価の変動をそのまま反映した名目GDPと，物価変動の影響を取り除いた実質GDPの2種類がある。

(3) 国民経済計算と産業連関表

　産業連関表（投入産出表）は，産業（生産物あるいは商品）間の投入と産出を行列表示することにより，すべての財貨・サービスの生産とその処分に至る過程を把握しようとするものである。1936（昭和11）年にアメリカの経済学者W・レオンチェフによって初めて作成され，経済波及効果分析等に利用されている。

　次ページの表は，産業連関表(閉鎖経済)の数値例である。話を分かりやすくするために，例えばA生産物を農業生産物，B生産物を製造業生産物と考える。まず，この表の横の並び（＝行）を見てみる。行方向の1行目は，A生産物＝農業生産物を100産出していることがわかる。この産出額100は，表頭の「中間消費」と「最終需要」に振り分けられている。中間消費とは，生産の過程で行われる原材料などの財・サービス（＝中間生産物）の消費である（農業の場合には，農作物の種子や畜産用飼料など）。「中間投入」は中間消費と同義だが，行方向に見た場合に中間消費となり，列方向（＝縦方向）に見た場合に中間投入となる。この中間消費として，産出高100のうち，農業の中間消費に10，B生産物＝製造業生産物の中間消費に40，計50が当てられている。一方で，残りの50のうち，40が最終消費支出（いわゆる家計による消費）として，10が総資本形成（企業の投資財）として需要されていることを意味する。製造業による200の産出高も，行方向に関して同様にみることができる。

　一方で，表の縦の並び（＝列）を見てみる。農業は産出高100を生産するために，

農業からの中間投入 10 および製造業からの中間投入 30 を要していることがわかる。この中間投入の合計 40 を，産出高 100 から差し引いた 60 が，農業が生み出した付加価値となる。この付加価値 60 は，雇用者報酬に 25，純生産税（＝政府に支払う生産に課される税－生産に対する補助金）に 5，減価償却等の固定資本減耗に 10 配分され，残った部分が営業余剰（企業の場合）あるいは混合所得（自営業の場合）として計上される。製造業の列方向についても同様である。

		中間消費			最終需要		産出額
		A 生産物	B 生産物	計	最終消費支出	総資本形成	
中間投入	A 生産物	10	40	50	40	10	100
	B 生産物	30	80	110	50	40	200
	計	40	120	160	90	50	300
雇用者報酬		25	40	65			
営業余剰・混合所得		20	10	30			
固定資本減耗		10	20	30			
純生産税		5	10	15			
付加価値計		60	80	140			
産出額		100	200	300			

(李潔，2016 年，『入門 GDP 統計と経済波及効果分析』大学教育出版，p.38 を参考に作成)

　なお，1968SNA にて産業連関表が国民経済計算に導入されたのは，GDP 三面等価の原則に統計からの接近を実現するためである。GDP 三面等価の原則とは，生産面から見た GDP，分配面から見た GDP，支出面から見た GDP がすべて等しい数値になることである。すなわち，①ある経済によって生み出された生産額，②生産額が各部門に分配された所得，および③各部門がそれぞれの所得にもとづき支出した額が等しくなる法則である。上記の表で言えば，①生産面 GDP は A 生産物および B 生産物の「付加価値計」（＝ 140），②分配面 GDP は「雇用者報酬＋営業余剰・混合所得＋固定資本減耗＋純生産税」（＝ 140），③支出面 GDP は「最終需要（＝最終消費支出＋総資本形成）」（＝ 140）に相当し，①～③がすべて等しい数値となることが確認できる。

(内閣府ウェブサイト「SNA 産業連関表」参考)
参考 URL：https://www.esri.cao.go.jp/jp/sna/sonota/sangyou/sangyou_top.html

(4) 国内総生産と国民総生産との違い

　93SNA 導入に伴い，国民総生産（GNP）の概念に代わり，国民総所得（GNI）が新たに導入された。

　GDP は国内で一定期間内に生産されたモノやサービスの付加価値の合計額。"国内"のため，日本企業が海外支店等で生産したモノやサービスの付加価値は含まない。一方 GNP は "国民" のため，国内に限らず，日本企業の海外支店等の所得も含んでいる。

以前は日本の景気を測る指標として，主として GNP が用いられていたが，現在は国内の景気をより正確に反映する指標として GDP が重視されている。

　我が国の国民経済計算では，デフレーターはパーシェ型指数を採用している（ラスパイレス型指数の例としては消費者物価指数や企業物価指数が挙げられる）。その計算のためには生産，消費，投資の各時点の品目別のウェイトが必要となる（名目値と実質値，ラスパイレス式とパーシェ式等に関する詳細については，「D　統計データ分析」の「13章　変化の記述」を参照）。

（内閣府ウェブサイト「GDP と GNI（GNP）の違いについて」より）

参考 URL：https://www.esri.cao.go.jp/jp/sna/otoiawase/faq/qa14.html

(5) GDP デフレーター

　名目値から実質値を算出するために用いられる価格指数をデフレーターといい，下記のように GDP デフレーターで GDP 名目値を除して GDP 実質値を求めることを実質化と呼ぶ。GDP デフレーターは別名インプリシットデフレーターとも呼ばれる。

$$\frac{名目価格（GDP）}{デフレーター} = 実質価格（GDP）$$

　価格指数には基準時の名目ウェイトを用いるラスパイレス型指数と，比較時の名目ウェイトを用いるパーシェ型指数がある。

　我が国の国民経済計算では，デフレーターはパーシェ型指数を採用している（ラスパイレス型指数の例としては消費者物価指数や企業物価指数が挙げられる）。その計算のためには生産，消費，投資の各時点の品目別のウェイトが必要となる。

（内閣府ウェブサイト用語の解説（国民経済計算）参考）

参考 URL：https://www.esri.cao.go.jp/jp/sna/data/reference4/yougo_top.html

練習問題

【C1】

　統計調査の実査（実際の調査活動）の流れを，次の図のように（A）から（C）の3種類に分けた。統計調査の実査の流れに関する説明として，最も適切なものを，下の①〜⑤のうちから，一つ選びなさい。

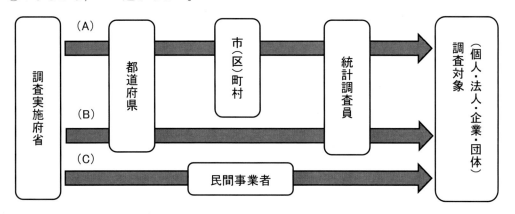

① 機械受注統計調査（内閣府）は，（A）の流れで実施している。
② 国勢調査（総務省）は，（B）の流れで実施している。
③ 人口動態調査（厚生労働省）は，（C）の流れで実施している。
④ 就業構造基本調査（総務省）は，（A）の流れで実施している。
⑤ 学校基本調査は（文部科学省）は，（B）の流れで実施している。

【C2】

　国勢調査では，国勢調査員の担当区域を明確にすること，各種統計調査の実施において調査地域を選定する際の基礎資料（母集団情報）とすることなどを目的として，国勢調査調査区を設定している。

　次の（ア）〜（オ）の統計調査について，国勢調査調査区を母集団情報に使用している統計調査として適切な組合せを，下の①〜⑤のうちから，一つ選びなさい。

> （ア）景気ウォッチャー調査（内閣府）
> （イ）住宅・土地統計調査（総務省）
> （ウ）個人企業経済調査（総務省）
> （エ）国民生活基礎調査（厚生労働省）
> （オ）農林業センサス（農林水産省）

① （ア）と（エ）

② （ア）と（オ）

③ （イ）と（ウ）

④ （イ）と（エ）

⑤ （ウ）と（オ）

【C3】

次の記事は，ある基幹統計の公表を受けた経済状況の変化に関する新聞記事である。

この記事に該当する（ア）基幹統計と，（イ）この統計の作成機関について，適切な組合せを，下の①～⑤のうちから，一つ選びなさい。

実質 1.7％増　1～3 月年率　うるう年消費かさ上げ
２期ぶりプラス　景気，力強さ欠く

2016 年 1～3 月期の国内総生産（GDP）速報値は，物価変動の影響を除いた実質の季節調整値で前期比 0.4％増，年率換算で 1.7％増となった。個人消費や輸出が増加に転じ 2 四半期ぶりのプラス成長だった。ただ，うるう年による日数増がかさ上げした面があるほか，設備投資は 3 期ぶりに減少した。景気は依然力強さを欠き，もたつきが続く。

（資料：2016 年 5 月 18 日　日本経済新聞より）

① （ア）景気動向指数　　（イ）経済産業省

② （ア）国民経済計算　　（イ）経済産業省

③ （ア）鉱工業生産指数　（イ）経済産業省

④ （ア）国民経済計算　　（イ）内閣府

⑤ （ア）景気動向指数　　（イ）内閣府

【C4】

次の記事は，わが国の人口の自然増減に関する新聞記事である。

出生率 1.46，2 年ぶり増　人口減少幅は過去最大　昨年

2015 年の合計特殊出生率は 1.46 で，前年を 0.04 上回った。（中略）人口を維持するのに必要とされる 2.07 にほど遠く，今後も人口減は続く見通しだ。

合計特殊出生率は 05 年の 1.26 を底に回復傾向にあるが，14 年は 9 年ぶりに下落。15 年は上昇に転じたものの，依然として低い水準にある。

15 年に生まれた子どもは 100 万 5656 人で，5 年ぶりに増加。（中略）ただ，過去最少だった 14 年から 2117 人の増加にとどまり，過去 2 番目に少ない。

死亡数は 129 万 428 人で戦後最多だった。出生数から死亡数を引いた自然減は 28 万 4772 人。前年と比べた減少幅は過去最大で，人口減に歯止めがかかっていない。

（資料：2016 年 5 月 24 日　朝日新聞より）

〔1〕この記事は，人口の毎年の動向をとらえる基幹統計の結果に基づいている。該当する基幹統計の名称を，次の①〜⑤のうちから，一つ選びなさい。

① 国勢統計
② 人口推計
③ 人口動態統計
④ 国民生活基礎統計
⑤ 出生動向基本調査

〔2〕次の図は，〔1〕の基幹統計を得る調査の基本的な流れを示したものである。図中の（ア）と（イ）に入る組織について，適切な組合せを，下の①〜⑤のうちから，一つ選びなさい。

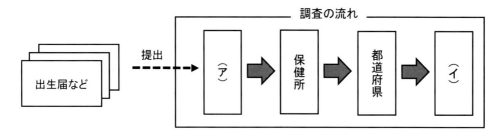

① （ア）市区町村　　（イ）総務省
② （ア）市区町村　　（イ）厚生労働省
③ （ア）市区町村　　（イ）文部科学省
④ （ア）保育所　　　（イ）総務省
⑤ （ア）保育所　　　（イ）厚生労働省

【C5】
　次の記事は，公的統計のデータを基にした，家計消費の状況を解説した新聞記事である。
　記事の（ア）家計の状況を示す統計指標，（イ）その指標を算出する統計調査の名称，に入る語として最も適切な組合せを，次ページの①〜⑤のうちから，一つ選びなさい。

> このごろ（ア）の話題をよく聞く。生活費に占める食費の割合のことだ。この数年で日本の（ア）はかなり高くなって25％を超えた。(中略)
> 収入が増えていないのに，円安や消費増税で食品が値上がりしたのが大きい。たしかに昨年は納豆や食用油などの値が軒並み上がった。(中略)
> バブル経済の時代，（ア）や（イ）に対する関心は低調だった。だが近年は経済格差のせいか，再び脚光を浴びつつある。

（資料：2016年7月16日　朝日新聞「天声人語」）

① （ア）エンゲル係数　　（イ）家計調査
② （ア）エンゲル係数　　（イ）消費動向調査
③ （ア）相関係数　　　　（イ）国民健康・栄養調査
④ （ア）エンジェル係数　（イ）家計調査
⑤ （ア）エンジェル係数　（イ）消費動向調査

【C6】

標本調査によって信頼性の高い調査結果を得るためには，その標本調査の調査対象を選定するための母集団情報が必要であり，全数調査である国勢調査や経済センサスの調査結果は，標本調査の母集団情報として用いられることが多い。

統計調査とその母集団情報の組み合わせとして適切でないものを，次の①～⑤のうちから，一つを選びなさい。

① 家計調査（総務省）　　　　　　　　－国勢調査
② 国民生活基礎調査（厚生労働省）－国勢調査
③ 労働力調査（総務省）　　　　　　　－国勢調査
④ 科学技術研究調査（総務省）　　　－経済センサス
⑤ 建築着工統計調査　　　　　　　　　－経済センサス

【C7】

統計調査の結果について，地理的な情報と組合せて表したものとして地域メッシュ統計がある。地域メッシュ統計とは，緯度・経度に基づき地域を隙間なく網の目（メッシュ）の区域に分けて，それぞれの区域に関する統計データを編成したものである。

現在公表されている地域メッシュの説明として適切でないものを，次の①～⑤のうちから，一つ選びなさい。

① 地域メッシュは，ほぼ同一の大きさ及び形状の区画を単位として区分されるので，地域メッシュ相互間の計量的比較が容易である。
② 地域メッシュは，それを組合せることで，統計調査で独自に設定されるどのような調査区にも対応できる区域であり，比較をしたい地域の面積の違いなども考慮した地域間比較が容易である。
③ 地域メッシュは，その位置や区画が固定されるので，行政区域の境域変更などの影響を受けることがなく，地域の時系列比較が容易である。
④ 地域メッシュは，地域が隙間なく区分されるので，メッシュごとのデータを合算

することにより，地域的に連接した区域の統計データを作成することができる。

⑤　地域メッシュは，緯度・経度に基づいて区画されており，その位置を明確かつ簡便に表示できるので，距離に関連した分析・計算・比較をすることができる。

【C8】

次の図は，わが国の代表的な物価指数である消費者物価指数（総合），消費者物価指数（生鮮食品を除く総合），国内企業物価指数（総平均），企業向けサービス価格指数（総平均）の 2010 年 1 月から 2014 年 12 月までの前年同月比のグラフである。

これらの指数について適切でない説明を，下の①〜⑤のうちから，一つを選びなさい。

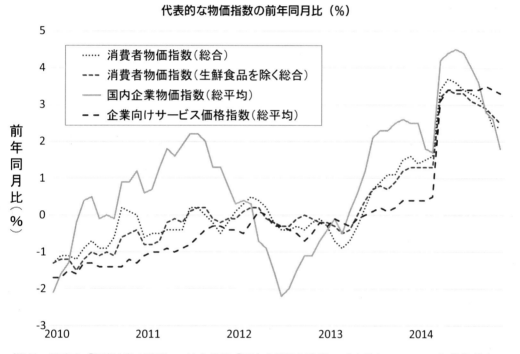

代表的な物価指数の前年同月比（％）

（資料：総務省「消費者物価指数」，日本銀行「国内企業物価指数」，「企業向けサービス価格指数」）

①　消費者物価指数（総合）の前年同月比は，国内企業物価指数と企業向けサービス価格指数の前年同月比の間の値をとっていることが多い。これは，消費者物価指数（総合）が，企業間取引の価格調査に基づく国内企業物価指数と企業向けサービス価格指数に，別途調査した小売りマージンの変動を加味して作成されるためである。

②　消費者物価指数（総合）は，消費者物価指数（生鮮食品を除く総合）よりも変動幅が相対的に大きい。これは，天候の影響等による生鮮食品価格の変動の大きさによるものである。

③　国内企業物価指数は，消費者物価指数（総合）よりも変動幅が相対的に大きい。これは，国内企業物価指数が財の価格のみで構成されるのに対して，消費者物価指

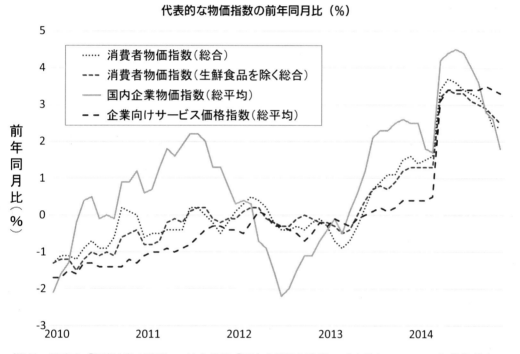

数（総合）には比較的変動の小さいサービス価格も含まれることが一因である。

④ 2014年4月に，すべての物価指数で前年同月比が上昇しているが，これは消費税率引上げの影響によるものである。

⑤ 消費者物価指数，企業物価指数，企業向けサービス価格指数は，いずれも物価や景気の動向を分析する上で重要な統計であるが，基幹統計となっているのは消費者物価指数のみである。

【C9】

公的統計は，国民生活に関わるさまざまな施策を企画・立案するための資料として用いられている。

次の記事は，航空法の改正に関する新聞記事である。記事の中で「住宅密集地」と記述される地域の上空では，無人航空機（いわゆるドローンなど）を飛行させることが，航空法により原則として禁止された。

この「住宅密集地」とは，（ア）どの基幹統計調査に基づいた，（イ）どのような地域であるのかについて，適切な組合せを，下の①～⑤のうちから，一つ選びなさい。

ドローン飛行ルール成立　改正航空法　住宅密集地など禁止

小型無人機「ドローン」の飛行ルールを定めた改正航空法が4日，成立した。改正法は，ドローンを「人が乗ることができない飛行機やヘリコプターで，遠隔操作や自動操縦により飛行できるもの」と定義。軽量のおもちゃは含まれない。

飛行が原則禁止されるのは，住宅密集地（中略）のほか，祭りやイベントで一時的に多くの人があつまる場所。規制区域の詳細は，国土交通省令で定める。

ドローンの落下事故はここ数年で頻発しているが，規制する法律はなく，目視範囲外での飛行や夜間飛行を規制する米国や英国などと比べても立ち遅れていた。

（資料：2015年9月4日　読売新聞より）

① （ア）国勢調査　　　　　　　（イ）昼夜間人口比率が100以上の地域
　　　　　　　　　　　　　　　　　（昼間人口が夜間人口より多い地域）

② （ア）国勢調査　　　　　　　（イ）人口集中地区

③ （ア）住宅・土地統計調査　　（イ）中高層住居専用地域

④ （ア）住宅・土地統計調査　　（イ）大都市圏

⑤ （ア）建築物実態調査　　　　（イ）東京都区部・政令指定都市

【C10】

次ページの図1～3は，一定間隔の3つの年次について，日本の人口ピラミッドを年次の古い順に示したものである。なお，図中の点線は，15歳と65歳の位置を示している。

これらの図について適切でない説明を，下の①〜⑤のうちから，一つ選びなさい。

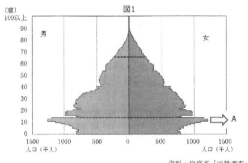

資料：総務省「国勢調査」

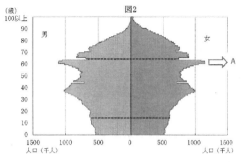

資料：総務省「国勢調査」

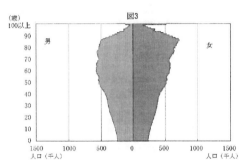

資料：国立社会保障・人口問題研究所「日本の将来推計人口」

① 図1，図2の年齢別の人口分布の特徴からみて，これらの図は50年間隔の人口ピラミッドである。

② 出生数（0歳の人口）についてみると，図1から順に，図2，図3と少なくなっている。

③ 性比（男性人口÷女性人口×100）は，これらの3つの図のうち図3が最も大きい。

④ 老年人口（65歳以上人口）の総人口に対する割合は，図1から順に，図2，図3と高くなっている。

⑤ 図1と図2の図中のAに対応する年齢層は，第1次ベビーブームに生まれた，いわゆる団塊の世代と呼ばれる世代に対応している。

練習問題解答・解説

【C1】正解④（2017年統計調査士試験問題　問6より）

統計調査の実査（実際の調査活動）の流れを問う問題である。

①の機械受注統計調査は，内閣府が直接調査票の配布・回収を行うので適切ではない。

②の国勢調査は市区町村を通すので，適切ではない。③の人口動態調査は，厚労省－都

道府県－保健所－市区町村－調査対象という流れなので適切ではない。⑤学校基本調査は，統計調査員は設置されていないため適切ではない。

【C2】 正解④（2017 年統計調査士試験問題　問 11 より）

　国勢調査調査区を母集団情報に使用している統計調査に関する知識を問う問題である。

　（イ）の住宅・土地統計調査は，総務省統計局が 5 年に 1 回実施する調査で，日本における住宅とそこに居住する世帯の居住状況，世帯の保有する土地等の実態を把握し，その現状と推移を明らかにすることを目的としている。国勢調査調査区の母集団情報をもとに，調査区を選定している。

　（エ）の国民生活基礎調査は，厚生労働省により，大規模な調査が 3 年毎，簡易な調査が中間各年に実施されている。国勢調査調査区の母集団情報をもとに，調査区を選定している。

　したがって，④が正解である。

【C3】 正解④（2016 年統計調査士試験問題　問 8 より）

　統計の名称と，その作成機関の組み合わせを問う問題である。

　まず，国内総生産（GDP）は国民経済計算の代表的な指標である。そして，国民経済計算を作成するのは内閣府である。したがって，④が正解である。

【C4】 正解〔1〕③，〔2〕②（2016 年統計調査士試験問題　問 9 より）

〔1〕

　該当する基幹統計の名称を問う問題である。

　人口動態調査は，届け出られた出生，死亡，婚姻，離婚及び死産の全数を対象に，人口動態事象を把握することを目的としている。そして，合計特殊出生率や死因別死亡数，年齢別婚姻・離婚件数などの結果を，全国，都道府県，保健所などの単位で提供している。したがって，③が正解である。②の人口推計は，総務省統計局によって国勢調査の実施間の時点においての各月，各年の人口の状況を把握するために行われるもので，合計特殊出生率等を算出するものではないので，不適切である。また，⑤の出生動向基本調査は，国内の結婚，出産，子育ての現状と課題を調べることを目的として，国立社会保障・人口問題研究所によって行われるもので，こちらも合計特殊出生率等を算出するものではなく，不適切である。

〔2〕

　人口動態調査の基本的な流れを問う問題である。

　人口動態調査は，厚生労働省によって行われるものであり，また「出生届」は市区町

村に提出されるので，②が正解である。

【C5】正解①（2016年統計調査士試験問題　問16より）

　家計消費の状況に関する統計指標の知識を問う問題である。

　まず，（ア）は，生活費に対する食費の割合を表すエンゲル係数が入る。総務省統計局の家計調査では，公表される統計表の中に含まれている。なお，エンジェル係数は，家計に占める子供に関する支出の割合を示すものである。（イ）は，エンゲル係数を算出する家計調査が入る。したがって，①が正解となる。

【C6】正解⑤（2015年統計調査士試験問題　問14より）

　統計調査とその母集団情報について問う問題である。

　家計調査，国民生活基礎調査，労働力調査は，いずれも母集団情報として国勢調査の結果を用いているので，①～③は適切である。④の科学技術研究調査は，非営利団体・公的機関及び大学等について，研究費，研究関係従業者など，毎年の研究活動の実態を把握することを目的として総務省統計局によって行われる調査であり，母集団情報として経済センサスを用いている。⑤の建築着工統計調査は，全国における建築物の建設の着工動態を明らかにし，建築及び住宅に関する基礎資料を得ることを目的として国土交通省によって行われる調査である。建築基準法第15条第1項の規定による建築物を建築しようとする旨の届出にかかる建築物を対象とする全数調査であるため，経済センサスの母集団情報は用いていない。したがって，⑤が正解である。

【C7】正解②（2015年統計調査士試験問題　問17より）

　地域メッシュ統計に関する知識を問う問題である。

　地域メッシュ統計は，国土を緯度・経度により方形の小地域区画に細分し，この区画に統計調査の結果を対応させて編成したものであり，統計調査で独自に設定されるどのような調査区にも対応できる区域ではない。したがって，②が正解（不適切）である。

【C8】正解①（2015年統計調査士試験問題　問27より）

　消費者物価指数，国内企業物価指数，企業向けサービス価格指数について，作成方法や性質に関する知識を問う問題である。

　消費者物価指数は，家計調査および小売価格統計調査の結果から作成されており，企業物価調査や企業向けサービス価格調査の結果とは関係ない。したがって，①が正解（不適切）となる。

【C9】正解②（2016年統計調査士試験問題　問3より）

記事の中で触れられている,「ドローン」の飛行ルールを定めた改正航空法と, それに関する統計の知識について問う問題である。

　改正航空法 (2015 年) は,（1）無人航空機の飛行にあたり許可を必要とする空域,（2）無人航空機の飛行の方法,（3）その他 (適用除外・罰金) について定めている。（1）の空域について該当するものは, [1] 空港周辺など, 航空機の航行の安全に影響を及ぼすおそれがある空域, [2] 人又は家屋の密集している地域の上空, としており, 本問で問われているのは [2] に関係する。

　[2] は, 具体的には「人口集中地区」が指定されており,「人口集中地区」は「国勢調査基本単位区及び基本単位区内に複数の調査区がある場合は調査区を基礎単位として,（1）原則として人口密度が 1 平方キロメートル当たり 4,000 人以上の基本単位区等が市区町村の境域内で互いに隣接して,（2）それらの隣接した地域の人口が国勢調査時に 5,000 人以上を有するこの地域」とされており, 国勢調査の結果に基づいている。

　したがって, 正解は②となる。

【C10】 正解③ (2014 年統計調査士試験問題　問 19 より)

　人口ピラミッドの理解について問う問題である。

　問題文で示されている通り, 性比は男性人口 ÷女性人口 ×100で表す。女性の方が相対的に平均寿命が長い (一方で出生割合に性差はあまりない) ため, 高齢化が最も進んでいる図 3 では性比が最も低くなっているはずなので, ③は不適切である。

D 統計データ分析

第11章 データの分布をとらえる

1 度数分布

データを集約し，その分布の概況をつかむために，度数分布表，ヒストグラム，箱ひげ図などの手法が用いられる。

表1 最終学歴の度数分布表（例）

値	度数	相対度数
中学校	27	8.9%
高等学校	126	41.4%
大学	51	16.8%
大学院	22	7.2%
専修学校	39	12.8%
高等専門学校	14	4.6%
その他	25	8.2%
	304	100.0%

得られたデータのうちある変数（項目）のある選択肢，またはカテゴリに当てはまるケースがいくつあるのかを示したものが**度数分布**であり，度数分布の状況を表にまとめたものが**度数分布表**である。度数分布表には，多くの場合相対度数を表示する。相対度数は，各カテゴリの度数を総度数（合計度数）で除した値である。必要に応じて 100 を乗じてパーセント表示にすることもある。

度数分布表は，データが数量的な大小関係を明確に持たない情報（質的変数）の分布を調べる際に多く用いられるが，物理量や何らかのスコアのような数的データ（連続変数）の分布を把握する際にも用いられる。

データが連続値をとる場合は，値をいくつかの範囲に区分して度数分布を作成する。その区分またはそれぞれの区間を**階級**という。

例としてあるテストを受けた 50 名の点数が以下のように得られたとする。

このデータを 10 の階級に分け，度数分布表を作成するとこのようになる。

47, 40, 46, 55, 61
66, 84, 62, 44, 63
76, 31, 45, 65, 84
34, 59, 25, 62, 94
79, 92, 83, 54, 55
65, 57, 49, 39, 66
51, 83, 76, 18, 76
52, 55, 33, 72, 28
46, 5, 49, 86, 72
99, 29, 81, 59, 38

表2 テストの点数の度数分布

階級	階級値	度数	相対度数	累積度数	累積相対度数
0-10	5	1	0.02	1	0.02
11-20	15.5	1	0.02	2	0.04
21-30	25.5	3	0.06	5	0.10
31-40	35.5	6	0.12	11	0.22
41-50	45.5	7	0.14	18	0.36
51-60	55.5	9	0.18	27	0.54
61-70	65.5	8	0.16	35	0.70
71-80	75.5	6	0.12	41	0.82
81-90	85.5	6	0.12	47	0.94
91-100	95.5	3	0.06	50	1.00
計		50	1.00		

各階級の中間にあたる値を階級値（または代表値）という。一般的に，階級値は各階級の中間の値

$$\frac{\left(\text{階級の上限の値}\right) + \left(\text{階級の下限の値}\right)}{2}$$

となる。値が厳密に連続な数値をとりうる場合（長さや重さなど）は，階級の上限が一つ上の階級の下限と一致する。テストの点数のように整数の値のみをとる場合は，階級の境にある値をどちらの階級に含めるかを別途設定する必要がある（表 2 では低いカテゴリに含まれるように設定している）。表 2 のような階級の設定の仕方のように，0–10,11–20, …, 91–100 のように重複のない階級を設定し,階級値を 5, 15.5, …, 95.5 とする場合もある。

さらに，大小関係が定義できる値の場合は，低いカテゴリから順に度数・相対度数をそれぞれ合計した累積度数，累積相対度数を用いることがある。累積相対度数は，度数分布表から値の平均値の近似値やローレンツ曲線，ジニ係数などを算出するために用いる。

2　ヒストグラム

ヒストグラムは，横軸にデータの値を，縦軸に度数または相対度数を取って度数分布表を可視化したものであり，その面積が度数を表す。大小関係が定義できるようなデータに対して作成することが多いが，大小関係が完全に定義できないデータ（名義尺度データ）にも適用することが可能である。上記例のデータのヒストグラムは下図のようになる。縦軸は相対度数にしてもよい。

ヒストグラムは柱状グラフで作成するときに「柱の面積と度数が比例するように描く」原則がある。「柱の面積＝高さ × 幅」のため，異なる階級幅が混在する場合，階級幅で柱の幅を決めると,<u>原則に合わせて柱の高さを調整する。「度数を階級幅で除した値を柱の高さとする」</u>ことで柱の面積は度数に等しくなる。

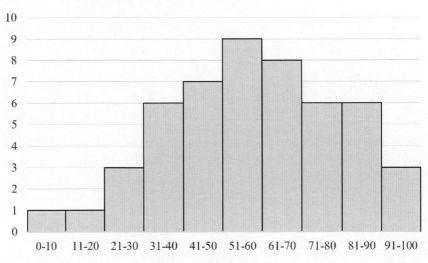

次の例のように階級幅が等しくない度数分布表をヒストグラムにする際には注意が必要である。低い階級は 100 万円刻みの階級幅であるが，1200 万円を超えると階級幅が 300 万円，その次は 500 万円と 3 倍，5 倍になっている。これをヒストグラムにするには，該当の柱は幅を 3 倍，5 倍と広くして，高さを 1/3，1/5 と低くする。これによって面積が度数と対応する。また，表のように一番大きな階級に上限が定められていない場合は便宜的に設定する。このページの例では，上限の値を 3000 万円に設定してヒストグラムを作成する。

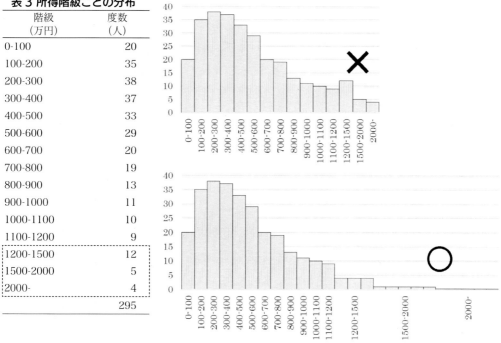

表 3 所得階級ごとの分布

階級 （万円）	度数 （人）
0-100	20
100-200	35
200-300	38
300-400	37
400-500	33
500-600	29
600-700	20
700-800	19
800-900	13
900-1000	11
1000-1100	10
1100-1200	9
1200-1500	12
1500-2000	5
2000-	4
	295

3　箱ひげ図

　箱ひげ図は最小値から最大値までのデータのばらつき具合を示すのに用いる。図のように，中央に「箱」，両端に「ひげ」が配置される。箱ひげ図からは，データの最大値，最小値，第 1 四分位，第 2 四分位（中央値），第 3 四分位の情報が読み取れる。

　四分位はデータを小さい順に並べて 4 等分し，小さい値から数えて総数の 1/4 番目 (25%) に当たる値が第 1 四分位数，真ん中 (50%) に当たる値が第 2 四分位数（＝中央値），3/4 番目 (75%) にあたる値が第 3 四分位数となる。また，第 3 四分位数から第 1 四分位数を引いたものを四分位範囲といい，ちょうど「箱」の長さに相当する（中央値，四分位範囲については 3 節参照）。箱の長さはデータのばらつき具合と対応し，箱の長いデータはばらつきが大きいことを意味する。また，一方に極端に長いひげを持つデータは偏った分布を持つことがわかる。

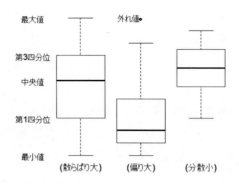

4 ローレンツ曲線とジニ係数

(1) ジニ係数の求め方

　ローレンツ曲線は所得や貯蓄といった分布が偏るデータで不平等度を見るために作成する弓形の曲線のことで，個人・世帯を所得の低い順番に並べ，横軸にその累積比をとり，縦軸に所得の累積比をとって所得分布をグラフ化したものである。

　ローレンツ曲線を理解するために簡単な例を考える。今，社会に4世帯しか存在せず，所得がそれぞれ30，60，90，120だったとする。全世帯の合計所得300のうち，小さい世帯から順に0.1，0.2，0.3，0.4を所有している。この相対所得を小さいほうから累計していくと，順に0.1，0.3，0.6，1となる。世帯の累積相対度数と所得の累積相対値を算出すると表のようになる。これを原点から結んでいくと左下のような弓型の曲線，ローレンツ曲線1が描ける（折れ線だが，世帯数が多くなれば曲線になる）。

所得	累積相対度数（世帯数）	累積相対所得
30	0.25	0.1
60	0.50	0.3
90	0.75	0.6
120	1.0	1

　社会に所得格差が存在しない（すべての世帯の所得が同額である）場合，ローレンツ曲線は点線で示した45度線（均等分布直線，均等配分線）と一致する。

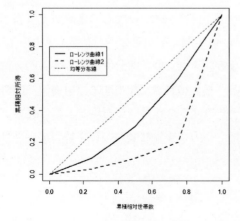

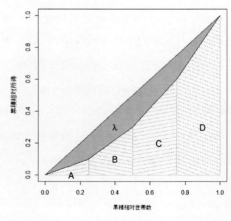

不平等度が高いほど弓形がたわむ。もし，所得の配分が 10, 20, 30, 240 のように特定のケースに集中している場合のローレンツ曲線が，図の太い点線ローレンツ曲線 2 である。均等分布直線との差を見ることで，特定の個人への富の集中度，すなわち社会の不平等度を判断するのである。

さらに，ローレンツ曲線から，社会全体の不平等度を指標化したものがジニ係数である。グラフを利用すると，ジニ係数は「ローレンツ曲線と均等線（グラフの対角線）で囲まれた弓形面積」の 2 倍の値と理解される（2 倍するのは，数値を最大 1 にするためである）。それは右図のグレーの部分の面積 λ の 2 倍に等しい。実際の計算では，囲まれた弓形面積よりもその下側部分（三角形 A + 台形の部分 B, C, D）の計算のほうが容易であるため，下側三角形総面積から台形の合計を引いた値すなわち 0.5 − (A+B+C+D) として面積を計算するのが一般的である。

累積相対所得（縦軸）は 0.1, 0.3, 0.6, 1.0 となるから，各三角形および台形の面積の合計は，

$$\underbrace{\frac{(0.1 \times 0.25)}{2}}_{\boxed{A}} + \underbrace{\frac{(0.1 + 0.3) \times 0.25}{2}}_{\boxed{B}} + \underbrace{\frac{(0.3 + 0.6) \times 0.25}{2}}_{\boxed{C}} + \underbrace{\frac{(0.6 + 1) \times 0.25}{2}}_{\boxed{D}}$$
$$= 0.375$$

となり，ジニ係数 G ＝ (0.5 − 0.375) ×2＝ 0.25 である。ジニ係数は 0~1 の値をとり，1 に近づくほど不平等さが高くなり，逆に 0 に近いほど平等に近い。一般化すると以下の式のようになる。

$$G = 2\lambda = \left(0.5 - \sum_{i=1}^{n} \frac{(S_i + S_{i-1}) \times f_i}{2} \right) \times 2.$$

ジニ係数 G はグレー領域の面積 λ の 2 倍となる。S_i は階級 i における所得の累積相対値（図の縦線の長さ，パーセンタイル値と一致する），f_i は階級 i における世帯の相対度数（横線の間隔）である。

（2）度数分布からジニ係数を求める

これまでの説明からわかる通り，ローレンツ曲線は目的とする変数に関して調査対象者すべての値が得られないと正確な値を得ることができない。しかし，度数分布表が与えられていれば，ローレンツ曲線の概形とジニ係数のおおよその値を得ることはできる。2 で扱った所得の度数分布表（表 3）を例にジニ係数を算出してみよう。

表は度数分布表からローレンツ曲線を求める手順を示したものである。所得階級は幅をもった値なので，これらは階級値（B 列）で代表する。代表値は階級幅の上限と下限の中間の値とする。続いて，C 列では，A 列 B 列の積を求める。各収入階級が合計して

いくらの所得を得ているのかの推計値である。C 列を合計した値 Y= 166,050 はデータ全体でどの程度の所得を得ているのかを示している。

D 列と E 列は相対度数と相対所得を示している。D 列は，データ全体の度数の合計 N= 295 のうち各階級が占める割合，E 列は社会全体の所得 Y のうち各階級の所得で占める割合である。

D 列と E 列を，値の小さいものから累計していくと，F 列と G 列の累積相対度数と累積相対所得を求められる。これを横軸と縦軸にしてそれぞれプロットすれば，所得分布のローレンツ曲線が得られる。

さらに，H 列は，ローレンツ曲線の各プロットの下側の三角形もしくは台形の面積である。(F 列の値 − F 列の一つ前階級の値) × (G 列の値 + G 列の一つ前階級の値) ÷2 で求められる。これらを用いることでジニ係数を計算できる。

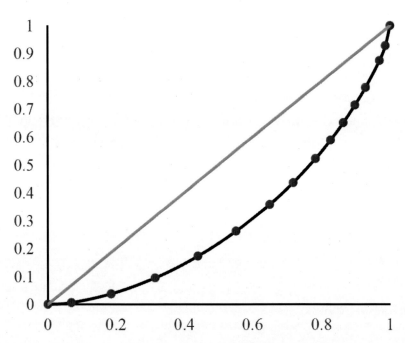

所得のローレンツ曲線

度数分布表からローレンツ曲線を作成する

所得階級ごとの分布

所得階級(万円)	度数(人) A	階級値 B	所得額(階級値×度数) C(=A×B)	相対度数 D(=A/N)	相対所得 E(=C/Y)	累積相対度数 F	累積相対所得 G	台形面積 H
0-100	20	50	1000	0.0678	0.0060	0.0678	0.0060	0.0002
100-200	35	150	5250	0.1186	0.0316	0.1864	0.0376	0.0026
200-300	38	250	9500	0.1288	0.0572	0.3153	0.0949	0.0085
300-400	37	350	12950	0.1254	0.0780	0.4407	0.1728	0.0168
400-500	33	450	14850	0.1119	0.0894	0.5525	0.2623	0.0243
500-600	29	550	15950	0.0983	0.0961	0.6508	0.3583	0.0305
600-700	20	650	13000	0.0678	0.0783	0.7186	0.4366	0.0269
700-800	19	750	14250	0.0644	0.0858	0.7831	0.5224	0.0309
800-900	13	850	11050	0.0441	0.0665	0.8271	0.5890	0.0245
900-1000	11	950	10450	0.0373	0.0629	0.8644	0.6519	0.0231
1000-1100	10	1050	10500	0.0339	0.0632	0.8983	0.7151	0.0232
1100-1200	9	1150	10350	0.0305	0.0623	0.9288	0.7775	0.0228
1200-1500	12	1350	16200	0.0407	0.0976	0.9695	0.8750	0.0336
1500-2000	5	1750	8750	0.0169	0.0527	0.9864	0.9277	0.0153
2000-	4	3000	12000	0.0136	0.0723	1.0000	1.0000	0.0131
合計	N=295		Y=166050					0.2963

ジニ係数 G = (0.5 − 0.2963) × 2=0.4074

A 統計の基本

B 公的統計調査の実務

C 主要な統計

D 統計データ分析

付録

第12章　分布の特性

1　中心傾向をとらえる指標（代表値）

集団の中心的傾向を示す値を「代表値」という。代表値としては，算術平均（相加平均）が最も多く使われるが，分布の形によっては最頻値や中央値を代表値にする場合もある。

(1) 算術平均（相加平均；mean）

平均値は，「観測値の合計／観測値の個数」で計算される。データの質によっては異なる種類の平均（相乗平均や調和平均など）を用いることもあるが，一般的に平均値といえば相加平均を指す場合が多い。

$$\bar{x} = \frac{1}{N} \sum_{i=1}^{N} x_i = \frac{1}{N}(x_1 + x_2 + \cdots + x_N)$$

代表値として非常に広く用いられている指標だが，極端に大きな観測値，小さな観測値のような外れ値が含まれていると，平均はその影響を強く受け値が大きく変わる。そういったデータでは中央値を見るなど工夫が必要となる。

データが階級値でまとめられ，厳密な値がわからない場合でも，平均値の概数値を算出することができる。階級 i (i=1, 2, …, M) の階級値が v_i であり，そこに f_i の度数があるとき，データの平均は

$$\bar{x} = \frac{1}{N} \sum_{i=1}^{M} v_i f_i = \frac{1}{N}(v_1 f_1 + v_2 f_2 + \cdots + v_M f_M)$$

となる。ここで N はデータの総度数

$$N = \sum_{i=1}^{M} f_i$$

である。

平均値には線形性と呼ばれる性質がある。元データのすべての値に対して共通の線形変換（加減乗除）はそのまま平均値に反映されるという性質である。例えば50点満点のテストの平均値が45点である場合，それを100点満点に換算した場合（全データを2倍），平均値もそのまま2倍し90点となる。x, y を変数，c を定数として，

$$\overline{cx} = c\bar{x}$$

$$\overline{(x + c)} = \bar{x} + c$$

$$\overline{(x + y)} = \bar{x} + \bar{y}$$

が成り立つ。

（2）中央値 (中位値 ; median)

データを大きさの順に並べ替えたときに真ん中に位置する観測値の値が中央値となる。データ数が偶数の場合は，中央にくる値が2つになってしまうため，2つの値を足して2で割って求める。中央値は，はずれ値の有無にほとんど影響されない。

(3) 最頻値 (mode)

最頻値は，データの中で最も多い度数を示す値のことで，度数分布表から最頻値を求める場合，最も度数の多い階級の階級値となる。連続値をとるようなデータだと最頻値を求められない場合もある。

2　バラツキをとらえる指標
(1) 偏差・分散・標準偏差

偏差とは，各変量の平均からの隔たりの大きさ $(x_i - \bar{x})$ である。偏差は個々の値について求められ，平均値に近いデータの偏差は小さく，平均値からかい離しているデータの偏差は大きい。データ全体のバラツキを考える場合は，偏差の絶対値の平均値，または偏差の2乗の平均値を考える。前者は平均偏差，後者は分散といわれる。平均偏差 D_x，分散 V_x の定義式はそれぞれ

$$D_x = \frac{1}{N}\sum_{i=1}^{N}|x_i - \bar{x}| = \frac{1}{N}\{|x_1 - \bar{x}| + |x_2 - \bar{x}| + \cdots + |x_N - \bar{x}|\}$$

$$V_x = \frac{1}{N}\sum_{i=1}^{N}(x_i - \bar{x})^2 = \frac{1}{N}\{(x_1 - \bar{x})^2 + (x_2 - \bar{x})^2 + \cdots + (x_N - \bar{x})^2\}$$

である。各データの偏差を2乗していることから，分散の単位は観測値の2乗となり，解釈が難しい。そこで，分散の平方根をとることで単位をそろえた標準偏差がバラツキの程度として良く利用される。

$$S_x = \sqrt{V_x} = \sqrt{\frac{1}{N}\sum_{i=1}^{N}(x_i - \bar{x})^2} = \sqrt{\frac{1}{N}\{(x_1 - \bar{x})^2 + (x_2 - \bar{x})^2 + \cdots + (x_N - \bar{x})^2\}}$$

分散と標準偏差は加法に対して不変という性質がある。データすべてに共通の値を足し引きしても分散，標準偏差は変化しない。乗除に関しては，分散は2乗のオーダーで

変化する。

$$V_{x+c} = V_x, \qquad S_{x+c} = S_x$$
$$V_{cx} = c^2 V_x, \qquad S_{cx} = c S_x$$

（2）変動係数

データの散らばりの程度を分散や標準偏差で測るのが一般的だが，データの単位が異なるデータ同士の散らばりの程度を分散や標準偏差で測ることができない。そのため，こうしたケースでは変動係数を利用する。変動係数は無次元数となるが，％表示することも多い。変動係数は主に観測値が正の場合に用いられる。

$$変動係数 ＝ 標準偏差 ÷ 平均$$
$$VC = \frac{S_x}{\bar{x}}$$

例）身長と体重のどちらの方の散らばりが大きいか？

身長：平均165cm，標準偏差15.0cm　⇒　変動係数 ＝ 0.090

体重：平均55.0kg，標準偏差20.0kg　⇒　変動係数 ＝ 0.363

変動係数が大きいほど散らばりも大きいと評価できる。この場合，体重の方が身長よりも散らばりが大きい。

（3）四分位範囲

分散や標準偏差は，バラツキを示す指標としてよく用いられるが，平均値同様，外れ値や極端な値に影響を受けやすい。特に，偏った分布のデータでは分散や標準偏差が大きくなりやすい。データの偏りに影響を受けにくい指標として，四分位範囲（前章を参照）がある。

（4）分布の形状と代表値の関係

平均や分散といった統計指標は，データの特徴を数値化することによって簡潔に示すことができる。しかし，平均や分散のみでデータの特性をすべて把握するのは困難である。3つの代表値はそれぞれに利点と欠点がある。平均値は数学的な定義が明確であり，すべての量的な変数に用いることができるが，中央値はデータの個数（サンプルサイズ）によってはその算出に平均を使わなくてはならない。最頻値はデータのとりうる値（台）が多すぎると定義できないケースもあり，離散的な値をとる変数（質的変数）に対して用いられることが多い。

一方で平均値はデータの分布により変化しやすい。ケース数が十分に大きくても，外れ値や極端に大きな（小さな）値が一つ追加されるだけで平均値は変化してしまうが，中央値や最頻値はほとんど影響を受けない。

分布が単峰（ひと山）で，ほぼ左右対称である時，平均値，中央値，最頻値は比較的近い値となる。単峰で右の裾が長い分布では，最頻値＜中央値＜平均値の順になる傾向がある。単峰で左の裾が長い分布では，平均値＜中央値＜最頻値の順になる傾向がある。このため，所得などゆがんだ分布をとる変数では，平均値だけではなく中央値や最頻値を見ることで分布の特性を把握する。

　以下は，平均値50，標準偏差15となる2つの変数の分布である。上のグラフは左右対称であるのに対し下のグラフの形状は右側にすそ野が広くなっている。分布の形状が異なると，平均値，中央値，最頻値の大小関係が異なる。

　所得などのデータは，下の図のように最頻値が低い値をとり，右側の大きな値にも一定の度数が出現することが多い。そのようなデータで平均を算出すると，中央値や最頻値よりも大きな値が算出されることが多い。そのため，平均所得は日常の感覚での「平均的な」個人の所得からは大きく外れることがある。統計学的には非常に重要視される平均値であるが，データ全体の分布によっては，誤った結論を導き出してしまう危険性があることも認識しておくべきである。

左右対称な分布の例

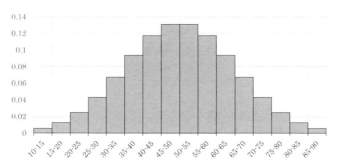

平均	50
中央値	**50**
最頻値	**45-55**
分散	225
標準偏差	15
四分位範囲	20

ゆがんだ分布の例

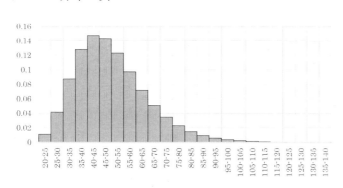

平均	50
中央値	**48**
最頻値	**40-45**
分散	225
標準偏差	15
四分位範囲	20

3 散布図と相関

(1) 散布図

2つの変数 X と Y の関係を把握するためには，すべてのケース値を XY 平面上に点として配置した散布図を作成する。この配置で，変数間の関係を解釈する。特に X と Y が直線的（右上がりまたは右下がり）な関係にあるとき，X と Y には「線形の関係がある」という。

正の関連とは右上がりの方向に点が配置されている状態を言う。片方の数値が増えるともう一方の数値も増える。逆に右下がりの方向に点が配置されており，片方の数値が増えるともう一方の数値は減る場合には負の関連という。

例：勉強時間とテストの成績の関係

10 人の学生に対し，1 日あたりの勉強時間（X）と統計学の試験の点数（Y）を調査したところ，下の表のような結果が得られたとする。このデータをもとに散布図を描くと上記のような形になる。右上がりの方向に点が配置されている。このとき勉強時間と統計学の点数には「正の関連がある」という。逆に，2 つの変量で右下がりの散布図を描けるとき，その 2 変量には「負の関連がある」という。どちらの傾向もないとき，2 変数には関連がない，または無関連という。

	1 日の勉強時間	統計学の点数
①	1.0	40
②	1.5	45
③	2.0	70
④	2.5	60
⑤	2.0	80
⑥	3.0	65
⑦	3.5	85
⑧	4.0	80
⑨	5.0	75
⑩	6.5	90

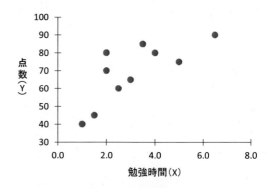

(2) 相関係数

2 つの変量がどのような関連を持つのかは散布図を描くことにより確かめられる。特に，2 つの変量が 1 つの直線の近辺に分布しているとき，その 2 変量は強い関連を持っているという。

2 変量の関連の向きと強さを示す指標として，相関係数がある。相関係数とは−1 から 1 までの値を取り，以下のような特徴を持つ。正の相関が強いと相関係数が 1 に近づく。負の相関が強いと相関係数が−1 に近づく。相関係数が 1 又は−1 のときは完全相関，相関係数が 0 の付近は無相関という。変量 X と Y の相関係数 r_{XY} は

$$r_{XY} = \frac{\frac{1}{n}\sum_{i=1}^{n}(x_i - \bar{x})(y_i - \bar{y})}{\sqrt{\frac{1}{n}\sum_{i=1}^{n}(x_i - \bar{x})^2}\sqrt{\frac{1}{n}\sum_{i=1}^{n}(y_i - \bar{y})^2}}$$

で求められる。$\bar{x}$, $\bar{y}$ はそれぞれ X と Y の平均である。分母は X，Y それぞれの標準偏差である。分子

$$\frac{1}{n}\sum_{i=1}^{n}(x_i - \bar{x})(y_i - \bar{y}) = \frac{1}{n}\{(x_1 - \bar{x})(y_1 - \bar{y}) + (x_2 - \bar{x})(y_2 - \bar{y}) + \cdots + (x_n - \bar{x})(y_n - \bar{y})\}$$

を特に X と Y の共分散と呼ぶ。

　2変量データを散布図に示した際，直線上にデータが集中しているほど，相関係数は正負に大きくなる。相関係数が1に近くなるとき，2変量は「強い正の相関」を持ち，−1に近くなるときは「強い負の相関」を持つ。0に近づくほど相関は弱くなる。

　注意すべきは，相関係数は変量同士の<u>直線的な関係</u>（線形関係）の強さを示す指標であり，非線形関係を持つ変量や，極端な値を持つデータ間の関係は記述できない。

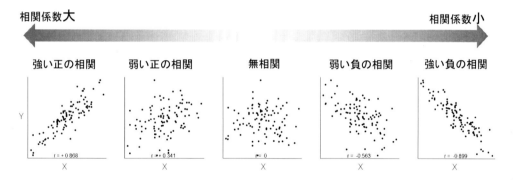

　例えば以下のように，2つの変量には何らかの関連があることが散布図から明確な場合もあるが，これらのデータから相関係数を求めると，値は非常に小さくなる。平均や分散などの1変量の統計と同じく，相関係数のみで2変量の関係を理解しようとすると誤った結論を導く可能性があると認識すべきである。

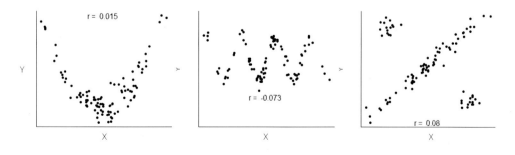

第13章　変化の記述

1　時系列データと時系列グラフ

(1) 時系列グラフ

　時系列グラフとは，月次，四半期といった時間軸を横軸に取り，その経過とともにデータの変化を表わす。グラフの形式としては，特に折れ線グラフや面グラフが用いられることが多い。本項では，時系列グラフを用いて数値の変化を適切に読み取るために気を付けるポイントを解説する。

1. 軸の縦横比

　図1と図2は全く同じ情報で縦軸と横軸の比を変化させたものである。横軸に対して縦軸の幅を大きくすると，同じ情報でも変化が過大に評価されてしまうことがある。

2. 軸の値

　軸にどのような値を採用するかも大きなポイントとなる。毎月や四半期といった短期間で統計を作成しているデータでは，グラフの値が乱高下することがある。長期的なトレンドを見る場合には，すべてのデータを用いず，数期置きのデータをグラフ化したり，一定期間ごとの数値の平均をプロットするなどして，短期間での変化の情報を落とすことがある。その際に，観測期間に何らかの特徴的な変化が生じていた場合の情報が隠されてしまうこともある。

　図3のデータを4期置きにプロットすることで，似たような周期があるデータであることが見えなくなる（このような時系列データの周期性については次節を参照）。また，2期から23期までのデータを落として，値を結ぶと，1期から24期までに徐々に変化していったような印象を与える。

3. データ作成方法の変更

　時系列グラフの元になるデータの中には，時間の経過によって測定の方法が変化している場合もある。図4ではある時期を境にデータの特徴が大きく変化している。これは測定したい値そのものの定義が変わったためという可能性も考えられる。測定方法によってデータの性質は大きく変化することに注意する。公的統計においても，社会の実情に合わせてオンライン調査を採用するなどして測定の方法は変化している。これらを比較する際には，測定の方法による値の出方の特徴を理解しておく必要がある。

図1 縦長のグラフ

図2 横長のグラフ

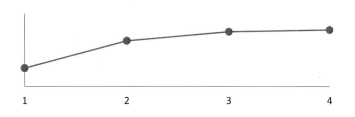

図3 周期的なデータ

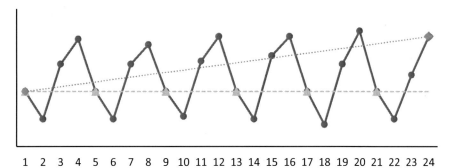

図4 測定方法が変わったデータ

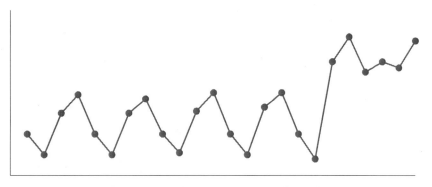

113

（2）グラフの縦軸の種類

　縦軸にどのような値を採用するかによって，変化のとらえ方は大きく異なる。図5はあるデータの毎期の値をとったものと，前期からの変化（差分）をとったものである。差分をとるグラフは，変化のスピードを示す際に有効なグラフである。実数グラフは上昇の傾向を示しているが，その上昇幅が次第に下がっているので，差分のグラフは右下がりの傾向を示す。どちらを見るかによって，印象が大きく異なることに注意しよう。

図5　実数のグラフ（左）と差分グラフ（右）

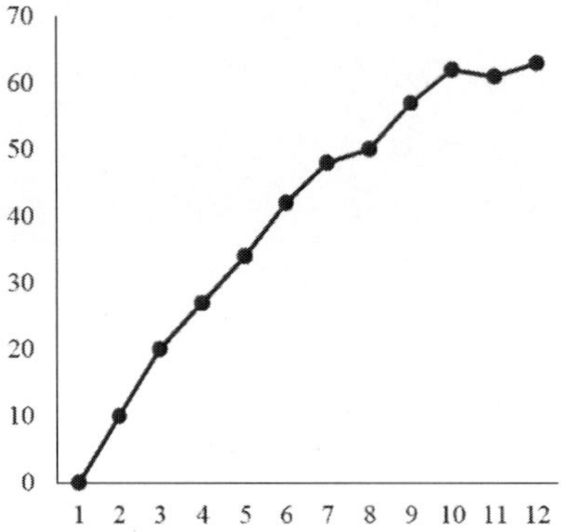

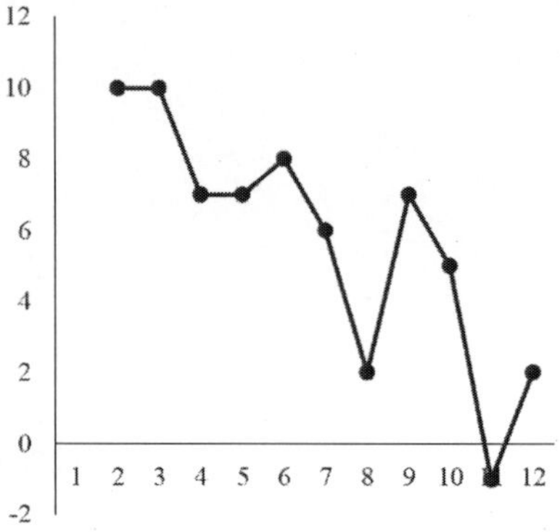

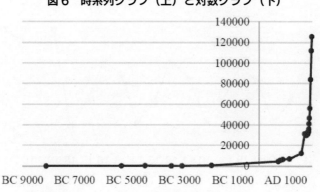

　対数グラフは指数的に増えるデータに利用すると見やすくなる。図6は日本の推計人口の長期推移を示したものである（縦軸の単位は千人）。日本列島の人口は近年になって急速に増加していることがうかがえる。一方でグラフの左側はほとんど変化がみられない。一方，対数グラフは数値が10倍になるごとに目盛が一つ上がる。対数グラフでは左側の先史時代の傾きが顕著になっている。一般的な時系列グラフは，グラフの傾きが縦軸の値の差になるのに対し，対数グラフでは傾きが比を示す。つまり，同じ傾きでの推移は，同じ倍率での変化を示している。図6は縦軸のみを対数表示したもので，片対数グラフと呼ばれる。反対に横軸のみを対数表示する片対数グラフもある。散布図などの縦軸横軸両方とも対数で表示するグラフは，両対数と呼ばれる。対数グラフを作成する際には，表示するデータは正数である必要がある。

図6　時系列グラフ（上）と対数グラフ（下）

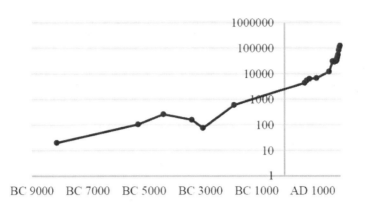

（鬼頭宏，2000，『人口から読む日本の歴史』講談社 p.16 より作成）

2 季節性と季節調整

（1）季節性

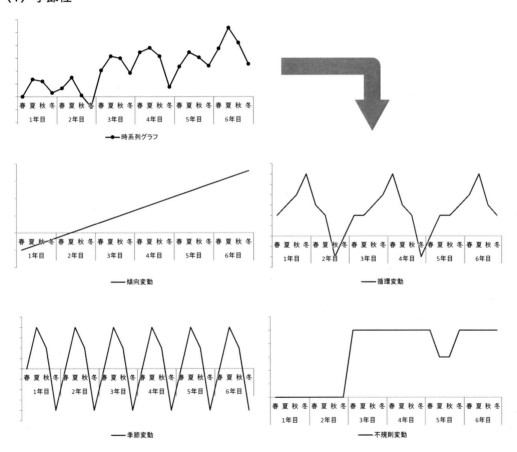

図のように，経済統計データの時系列グラフの変動は，一見して複雑な挙動を示すが，これらは以下の 4 つの系統的な変動に分解できる。

1. 傾向変動

　長期的な趨勢を示す変動。線形，指数曲線などで示される傾向が，20 年など長期間にわたって変化しない。

2. 循環変動

　1 年を超える周期で上下を繰り返す変動。景気循環などが原因となる。

3. 季節変動

　1 年を周期とする変動。特定の季節や月に応じて増減が繰り返される。ビールの消費量が夏に多くなる，休暇の多い 1 月や 8 月に生産量が小さくなるなど，多くの経済データには季節性が存在する。

4. 不規則変動

　上記 3 つではとらえられない変動。自然災害や社会変動によるインパクト。長期的なものもあれば，一過性のものもある。

　これら 4 つの変動のうち，1 年を周期として規則的な変動を示す季節変動は季節性とも呼ばれる。季節性は比較的安定した推移をとり，長期的にその構造が変化しないことが知られている。経済データから中長期的な経済状態の判断・予測をしたいときには，季節変動は錯乱要因となり，主要な変動がわかりづらくなる。そのため，データを読み解く手段として，季節性を除去する必要がある。

(2) 季節性への対処法

　データに季節性があると，増加や減少といった動きが見にくくなるため，季節性を除去した季節調整済データや前年同期比データが利用される。季節変動を取り除き，データの傾向をわかりやすくするために，主に前年同月比，移動平均を利用した季節調整法がよく用いられる。

(3) 前年同期比

　季節性を取り除く目的で以下の式に当てはめて前年同期比を計算することで季節性を簡易的に除いた前期比増減率を見ることができる。ある時系列データのある月度 t における値を x_t とすると，前年同月比 y_t は

$$y_t = \frac{x_t}{x_{t-12}} \times 100 \ (\%)$$

で示される。前年同月との増減率

$$\frac{x_t - x_{t-12}}{x_{t-12}} \times 100 \ = \left(\frac{x_t}{x_{t-12}} - 1 \right) \times 100 \ (\%)$$

を使うことでも季節性を除くことができる。前年同月比の120%，90%は，増減率では
それぞれ +20%，－10% に相当する。ただし，これらの方法で完全には季節性を除くこ
とができないため，より厳密な季節調整値を用いることが勧められる場合もある。

(4) 移動平均

移動平均は，前後複数時点の値の平均値を当該時点の
値とする方法である。四半期，月次データで移動平均を
取る場合，どの期間で平均を取るかという選択肢で移動
平均の名前が異なってくる。各月とその前後の月の平均
値を使う中心移動平均，各月とそれ以前の月の平均値を
使う後方移動平均，各月とそれ以後の月の平均値を使う
前方移動平均などがある。

例えば，5カ月の中心移動平均を作成する場合，3月
の移動平均は，3月と前後2カ月分（1月から5月ま
で）の平均値となり，その他の月も同様に計算する。す
ると，季節変動を除いた傾向が捉えやすくなる。

	観測値	3期 移動平均	5期 移動平均
1期	5		
2期	11	8	
3期	8	11	9.2
4期	14	10	10.4
5期	8	11	11.6
6期	11	12	12.2
7期	17	13	12.8
8期	11	15	13.4
9期	17	13	14
10期	11	14	14
11期	14	14	15.8
12期	17	17	15.2
13期	20	17	17.6
14期	14	19	17.6
15期	23	17	
16期	14		

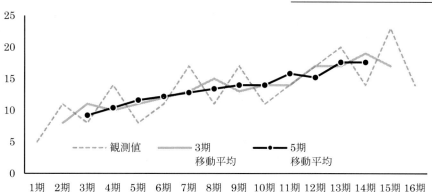

3　構成比，変化率，寄与度，指数

複数の項目の合計値として作成される統計は，それぞれの項目が合計値に対してどの
程度の影響力を持っているのかを確かめる必要がある。例として，ある家計で表の状況
が成り立っているとする。

このとき以下の2式が成り立つ。

$$E_{t-1} = F_{t-1} + H_{t-1} + I_{t-1} \quad (1)$$

$$E_t = F_t + H_t + I_t \quad (2)$$

これに関して，構成比，前期比増減率，寄与度の
3つの指標が示す意味を見ていく。

表　架空の家計表

項目	t-1 期	t 期
食料費 F_t	20,000	30,000
住居費 H_t	30,000	30,000
その他 I_t	50,000	60,000
合計 E_t	100,000	120,000

（1）構成比

　構成比とは，内訳の構成割合を％で示した比率のことである。(2) 式の両辺を E_t で割ると，(3) 式となる。食料費の構成比は F_t/E_t，住居費の構成 H_t/E_t 比はというように，各項目の実額を総額で割ることで求められる（×100 で％表示）。

$$\frac{F_t}{E_t} \times 100 + \frac{H_t}{E_t} \times 100 + \frac{I_t}{E_t} \times 100 = \frac{E_t}{E_t} \times 100\% = 100\% \tag{3}$$

食料費の割合 ＋ 住居費の割合 ＋ その他の割合 ＝ 100%

例　t 期の消費支出内訳

$$30{,}000 \div 120{,}000 \ + \ 30{,}000 \div 120{,}000 \ + \ 60{,}000 \div 120{,}000$$
$$= 25\% \ + \ 25\% \ + \ 50\%$$

（2）前期比増減率

　増減率，変化率，増加率，上昇率など様々な呼ばれ方がされるが，概念上は同じである。増減率とは前期に対する今期の増減（差分）が前年の額に占める割合を示す。

$$\frac{E_t - E_{t-1}}{E_{t-1}} \times 100 = \left(\frac{E_t}{E_{t-1}} - 1\right) \times 100 \ (\%) \tag{4}$$

　例えば，t 期の消費支出（合計）の増減率は

$$\frac{120{,}000 - 100{,}000}{100{,}000} \times 100 = +20\%$$

である。増減率は合計値，内訳それぞれに計算できる。前期の値に前年の同期比の値を用い $(E_t - E_{t-12})/E_{t-12}$ とすれば，前年同期比と一致する。貿易収支のように前期データが負値になりうる場合，分母に t − 1 期の値の絶対値を用いて，値の評価の方法をそろえる。

$$\frac{E_t - E_{t-1}}{|E_{t-1}|} \times 100 (\%)$$

（3）寄与度

　個々の費目の増減が全体にどの程度寄与しているかを示す指標で，各項目の差分を，前期の総額で割ることで求められる。家計消費変動における食料費の寄与度は $(F_t - F_{t-1})/E_{t-1}$ で求められ，他の費目も同様に求められる。個別の寄与度をすべて足すと全体の増減率と一致する。

$$\frac{F_t - F_{t-1}}{E_{t-1}} \times 100 + \frac{H_t - H_{t-1}}{E_{t-1}} \times 100 + \frac{I_t - I_{t-1}}{E_{t-1}} \times 100$$

$$= \frac{E_t - E_{t-1}}{E_{t-1}} \times 100 \ (\%) \tag{5}$$

食料費の寄与度 ＋ 住居費の寄与度 ＋ その他の寄与度 ＝ 消費支出の増減率．

例　t期の消費支出の寄与度

食料費：　　$\dfrac{30{,}000 - 20{,}000}{100{,}000} \times 100 = +10\%$

住居費：　　$\dfrac{30{,}000 - 30{,}000}{100{,}000} \times 100 = 0\%$

その他：　　$\dfrac{60{,}000 - 50{,}000}{100{,}000} \times 100 = +10\%$

これらを合計すると全体の増減率（＋ 20％）と一致する。

　消費者物価指数などの指数の寄与度は，ウェイト構造を反映したり，連鎖指数の寄与度を用いたりするなど，用いられる指標や利用場面に応じて計算方法が異なる場合がある。ある期間における消費者物価指数（総合）を $I_{t,S}$，ある品目 A についての消費者物価指数を $I_{t,A}$ とすれば，その変化の寄与度は

$$\frac{I_{t,A} - I_{t-1,A}}{I_{t-1,S}} \times \frac{w_A}{w_S} \times 100$$

と示される。ここで w_A, w_S は当該期間の消費支出金額をもとに作成される品目 A および総合のウェイト項であり，この比を乗じることにより期間ごとの購入量の変動の影響を排除している。

4　名目値と実質値

（1）名目値と実質値の違い

　経済指標には，物価の変動をそのまま反映した「名目値」と物価の変動を取り除いた「実質値」の 2 種類がある。例えば，所得が 2 倍になっても物価が 2 倍になっていれば，豊かになったとは言えない。そこで物価の影響を除去して実質での豊かさをみていく必要がある。例えば，10 年間で所得が 4 倍になった場合で，物価の上昇も 2 倍あった場合，名目所得額は 4 倍，実質所得額は 4/2 ＝ 2 倍になったことになる。ただし，国際比較では実質値での比較ができないことから，名目値で比較するケースもある。特に重要な実質値の例は実質 GDP と実質消費支出である。ともに比較時点の物価変動の影響を取り除いた指標である。

　名目 GDP を実質 GDP で割って求める数値を GDP デフレーターという。GDP デフレーターは，消費者物価指数と並んで物価の水準を示す重要指標となっている。デフレ

ーターは見やすくするため，通常は 100 を掛けて％表示として見る。

$$\frac{\text{名目 GDP}}{\text{実質 GDP}} = \text{GDP デフレーター}$$

　これにデータを当てはめてみよう。2012（平成 24）年の GDP は名目 GDP，実質 GDP それぞれ 474.6 兆円，519.7 兆円であり，比をとると 0.913，100 をかけて％標記にすれば 91.3％ となる。

　GDP デフレーターから 100 を引いたものが物価上昇率である。上記例では国内物価の上昇率は－ 8.7％，つまり 8.7 の下落であることがわかる。GDP デフレーターは輸入を含まないため，その前期比増減率を取ると，国内物価の物価上昇率を示し，「ホームメイドインフレーション」と呼ばれる。GDP の詳細な特徴は「C. 主要な統計」を参照。

（2）指数の作成

　ある基準値に対して，比較値を比の形で表す指標を「指数」という。一般的に，基準を 100 として，その大きさを相対的に表す。代表的な指数には，加重平均のウェイトを基準時実績で固定するラスパイレス指数と，ウェイトを比較時実績で固定するパーシェ指数がある。

　ラスパイレス方式とパーシェ方式の指数作成方法を大まかに理解しよう。t 期の財 i の価格を p_{it}，数量を q_{it} とする。t 期の消費額は価格 ×数量をすべての財に関して足し合わせればよいので

$$\sum_{i=1}^{n} p_{it}q_{it} = p_{1t}q_{1t} + p_{2t}q_{2t} + \cdots + p_{nt}q_{nt} \tag{1}$$

と示せる。p_{it} の 1 つ目の添え字 i は，任意の財・サービスの番号を指している。例えば，1 番が米，2 番が麦ということだったとすると，p_{1t} は「t 年の米の価格」，p_{2t} は「t 年の麦の価格」のことを指している。式には基準年がある。基準年の添え字を 0 とする。p_{i0} は，基準年の価格ということになる。q_{i0} は，基準年の数量となる。0 期の消費総額は

$$\sum_{i=1}^{n} p_{i0}q_{i0} = p_{10}q_{10} + p_{20}q_{20} + \cdots + p_{n0}q_{n0} \tag{2}$$

である。添え字の t がすべて 0 になっている。

　もし t 期（変化後）の価格で 0 期の消費を維持しようとすると，消費額は

$$\sum_{i=1}^{n} p_{it}q_{i0} = p_{1t}q_{10} + p_{2t}q_{20} + \cdots + p_{nt}q_{n0} \tag{3}$$

である。価格は t 期の値に変化させ数量は 0 期の値に固定されている。t 期の価格で 0 期の消費を維持したときに得られる仮想的な消費額 (3) の，0 期の消費（2）との消費額の比を示すのが，消費者物価指数（ラスパイレス指数）である。

$$\text{CPI} = \frac{\sum_{i=1}^{n} p_{it}q_{i0}}{\sum_{i=1}^{n} p_{i0}q_{i0}} = \frac{p_{1t}q_{10} + p_{2t}q_{20} + \cdots + p_{nt}q_{n0}}{p_{10}q_{10} + p_{20}q_{20} + \cdots + p_{n0}q_{n0}}$$

CPI は各財の物価が全く変化していないときに 1 となり，物価が上昇している（インフレ）ときに 1 よりも大きくなる。逆に物価が下落している（デフレ）と 1 よりも小さく 0 に近づいていく。ラスパイレス指数は消費者物価指数のほか，企業物価指数や企業サービス価格指数の計算にも用いられる方式である。(3) とは逆に価格のみを基準時に固定し，取引される数量を t 期の値に変化させることも考えられる。すなわち

$$\sum_{i=1}^{n} p_{i0}q_{it} = p_{10}q_{1t} + p_{20}q_{2t} + \cdots + p_{n0}q_{nt} \tag{4}$$

である。t 期の消費額 (1) がわかっているとき，仮に価格が 0 期のままで同様の取引量を維持したときにどれほどの消費額が得られるかを示している。この (4) と (1) の比をとったものがパーシェ指数である。

$$PA = \frac{\sum_{i=1}^{n} p_{it}q_{it}}{\sum_{i=1}^{n} p_{i0}q_{it}} = \frac{p_{1t}q_{1t} + p_{2t}q_{2t} + \cdots + p_{nt}q_{nt}}{p_{10}q_{1t} + p_{20}q_{2t} + \cdots + p_{n0}q_{nt}} \tag{5}$$

パーシェ指数も物価が基準から変化していなければ 1，物価が上昇していれば 1 よりも大きな値となる。ラスパイレス方式は基準時の固定ウェイトであるため，比較時の価格だけがわかればよいので計算が簡単であるという特徴がある（変化後の価格さえわかれば，式 (3) に代入してすぐに指数を求められる）。そのため，各種経済指標でよく利用される。ただし，時の変化に伴い実態との乖離が大きくなるため，数年ごとのウェイトの見直しが必要となる。

パーシェ指数は，比較時点の価格だけでなく比較時点の数量も必要なためデータの収集に手間がかかる。GDP デフレーターはこのパーシェ方式を採用している。ただし，国民経済計算では，名目 GDP と実質 GDP をそれぞれ求めた後，事後的な計算によってデフレーターを決定している（インプリシット・デフレーター）。

練習問題

【D1】次の表は，総務省・経済産業省「経済センサス」より作成した2016年の農業・林業の事業所数に関する都道府県別，市区町村別の度数分布表である。これに関して述べた以下の文章の空白部を埋めなさい。

都道府県別		
階級	頻度	累積 %
~100	0	0.00%
~200	1	2.13%
~300	7	17.02%
~400	7	31.91%
~500	7	46.81%
~600	6	59.57%
~700	7	74.47%
~800	5	85.11%
~900	1	87.23%
~1000	2	91.49%
~1500	3	97.87%
~2000	0	97.87%
2001~	1	100.00%
平均	620.34	
標準偏差	414.22	

市区町村別		
階級	頻度	累積 %
0	78	4.48%
~5	508	33.64%
~10	337	52.99%
~15	229	66.13%
~20	150	74.74%
~30	178	84.96%
~40	93	90.30%
~50	45	92.88%
~60	36	94.95%
~70	24	96.33%
~80	24	97.70%
~90	11	98.34%
~100	12	99.02%
~120	6	99.37%
~140	6	99.71%
~160	3	99.89%
~180	1	99.94%
181~	1	100.00%
平均	16.74	
標準偏差	21.10	

都道府県別事業所数の中央値は　1　以上　2　以下のカテゴリにある。市区町村別の分布をみると，中央値，平均値，最頻値のうち，最も小さいカテゴリにあるのは　3　であり，次いで　4　である。データのばらつきを変動係数で比較すると，都道府県別で　5　，市区町村別で　6　であり，　7　別の方でばらつきが大きい。

【D2】次の図は，3つのローレンツ曲線の例を示したものである。これを見て，ローレンツ曲線とジニ係数の性質について述べた以下の文章のうち，適切なものを一つ選びなさい。

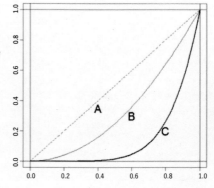

①　当初所得のローレンツ曲線がBのとき，再分配によってCのようなローレンツ曲線になる

② 平等状態においてローレンツ曲線はAよりも上に位置する。

③ Aをローレンツ曲線とみたときのジニ係数は最大となる。

④ ジニ係数は0から1までの値をとり，1に近づくほど平等な状態を示す

⑤ すべてのローレンツ曲線は原点(0，0)と点(1，1)で交わる。

【D3】 次の表から，財A，B，Cの名目消費支出の寄与度およびラスパイレス指数，パーシェ指数を算出せよ。

表　架空の財の価格と数量

	0 期		1 期	
	価格	数量	価格	数量
A	120	40	130	35
B	250	65	220	80
C	100	12	110	10

【D4】 次の表は，2014年3月と4月の総務省「消費者物価指数」の公表資料の一部をまとめたものである。この表について適切でない説明を，下の①〜⑤のうちから一つ選びなさい。

10 大費目別消費者物価指数の前年同月比及び寄与度

年度		総合	10 大費目									
			食料	住居	光熱・水道	家具・家事用品	被服・履物	保健・医療	交通・通信	教育	教養娯楽	諸雑費
2014年3月	前年同月比	1.6	2.4	−0.3	6.3	1.6	0.4	−0.4	1.2	0.8	1.4	2.9
	寄与度		0.61	−0.07	0.49	0.05	0.01	−0.02	0.18	0.03	0.15	0.17
2014年4月	前年同月比	3.4	5.0	0.0	6.9	5.4	2.2	1.9	3.2	2.3	4.5	4.8
	寄与度		1.26	0.00	0.53	0.17	0.09	0.08	0.48	0.07	0.48	0.29

(総務省「消費者物価指数」より：各寄与度は，総合指数の前年同月比に対するものである)

① 総合指数の前年同月比は，3月の1.6%に比べ，4月は3.4%と上昇率が高まっているが，これは消費税率引き上げの影響によるものと考えられる。

② 3月の10大費目の寄与度の合計は，総合指数の前年同月比の1.6%に等しい。

③ 3月，4月ともに，総合指数の前年同月比の押し上げ要因として10大費目の中で最も大きいのは，光熱・水道である。

④ 3月の家具・家事用品と教養娯楽をみると，家具・家事用品の方が前年同月比は高いにもかかわらず，寄与度は教養娯楽の方が大きくなっている。これは，教養娯楽の方が，総合指数におけるウェイトが大きいためであると考えられる。

⑤ 4月に総合指数の前年同月比の押し下げ要因となった費目は，10大費目の中には存在しない。

【D5】相関係数に関して述べた次の5つの文章のうち，適切なものを一つ選びなさい。

① 2つの変数の分散が大きくなると相関係数も大きくなる。

② 散布図上でデータが1直線状に並べば必ず相関係数は1である。

③ 相関係数が負の値のとき，2つの変数は反比例の関係にある。

④ 測定するデータの単位を変化させても相関係数は変化しない。

⑤ 相関係数は外れ値の存在に大きな影響を受けない。

【D6】調査データを整理するために利用する手段として，要約統計量，図，表などがあるが，その使い方として，適切でない記述を，次の①～⑤のうちから一つ選びなさい。

① ある変数xについて，男女別に分散を求めた。男性と女性の分散の大きさの違いは，男性における分布の中心と，女性における分布の中心の離れ具合を示す。

② ヒストグラムを描けば，分布の歪みが分かる。

③ 散布図を描けば，外れ値によって相関係数が高い値になっていないかどうかを知ることができる。

④ クロス集計表は，質的な2変数間の関係を知るために使われる。

⑤ 箱ひげ図は，データの中央値と，中央値以上のデータの中央値，および中央値以下のデータの中央値で形成する「箱」によって，中央の約半数のデータが，どの範囲に収まるかを視覚的に確認できる。

【D7】4半期ごとに計算された国内総生産（GDP）を四半期GDPという。ある期の第1四半期GDPの前期比（成長率）が +5% であったとき，残りの3期の成長率が同等であるとしたとき，年間のGDP成長率はいくらになると考えられるか。

【D8】ある事業所ではある財の生産量が4年間で44%増加した。このとき，1年間での生産量は，平均してどの程度増加したといえるか。

【D9】次ページの表は統計数理研究所の「日本人の国民性調査（第12次2008年）」に公表されている「ボランティア活動」との関わりの質問に関するクロス集計表である。この集計表に関して，適切でない記述を，次の①～⑤のうちから一つ選びなさい。

質問文：ボランティア活動とあなたの関わりは次のうちどれでしょうか（単位％）

	現在して いる	過去にした ことがある	まだしたことはな いが，そのうちす ると思う	これまでしたこと はないし今後もし ないと思う	その他	わから ない	計	回答 人数（人）
全体	16	29	26	28	0	1	100	1573
男性	17	28	28	26	0	1	100	747
女性	15	30	24	29	0	1	99	826
20歳代	5	45	19	30	ー	1	100	167
30歳代	13	31	27	28	0	1	100	243
40歳代	12	31	35	21	ー	1	100	257
50歳代	16	29	33	21	ー	1	100	370
60歳代	22	25	22	31	ー	1	101	319
70歳以上	23	20	15	40	0	2	100	217

統計数理研究所「日本人の国民性調査」（第12次 2008年）

注1　計の欄は百分率（％）を整数に四捨五入した合計で，100にならない場合がある。

注2「その他」欄は調査対象者が，用意された回答選択肢以外の回答をした場合

注3「わからない」は調査対象者が質問の内容を理解していない場合

注4　記号「ー」は回答者の人数が0人であったこと，0は百分率の小数点以下第一位を四捨五 入した結果が0％であったことを示す。

①　全体についてみると，ボランティア活動を「現在している」人と「過去にしたこ とがある」人の合計の割合は，全体の半数以下である。

②　年齢階級別にみると，いずれの年齢階級でも，ボランティア活動を「現在してい る」人と「過去にしたことがある」人の合計の割合は，ボランティア活動を「これ までしたことがないし，今後もしないと思う」人の割合よりも高い傾向である。

③　年齢階級別にみると，20歳代と70歳以上で，ボランティア活動を「これまでに したことがないし，今後もしないと思う」人の割合が1/3以上を占めている。

④　年齢階級別にみると，ボランティア活動を「過去にしたことがある」人の割合は， 年齢階級が高くなるにしたがって，低下する傾向がある（少なくとも上昇しない）。

⑤　年齢階級別にみると，ボランティア活動を「まだしたことがないが，そのうちに すると思う」人の割合は，40歳代まで上昇し，その後，50歳代から低下する。

【D10】次の図は，厚生労働省「国民生活基礎調査」に基づく 2016年の年間所得金額 階級別世帯数の相対度数分布のヒストグラムである。図中の（ア），（イ）は，年間所得 金額の中央値，平均値のいずれかを表している。この図について，最も適切な説明を，下 の①〜⑤のうちから一つ選びなさい。

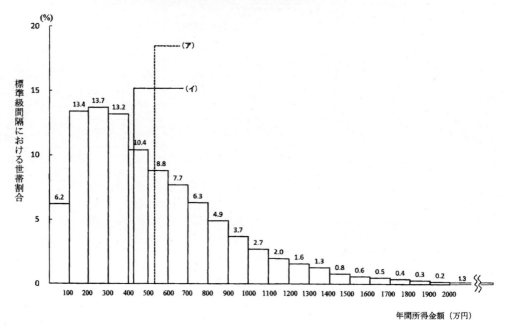

年間所得金額階級別世帯数の相対度数分布のヒストグラム

厚生労働省「国民生活基礎調査」より：数値は熊本県を除いた値である

① 図中（ア）と（イ）のうちで，中央値を表しているのは（ア）である。

② 第3四分位数が含まれているのは，年間所得金額が600〜700万円の階級である。

③ 中央値の半分以下の年間所得金額の世帯の割合は，15％以下である。

④ 中央値と第1四分位数との差と，第3四分位数と中央値との差を比べると，前者の方が小さい。

⑤ 年間所得金額が 1,000 万円以上の世帯の割合は，10 ％未満である。

練習問題解答・解説

【D1】

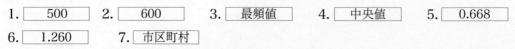

1. 500　　2. 600　　3. 最頻値　　4. 中央値　　5. 0.668

6. 1.260　　7. 市区町村

【D2】 正解⑤

①所得の再分配は格差を是正するために行われるため，Bの状態から再分配によってAの方に近づくはずである。

②完全な平等状態ではローレンツ曲線はAと一致し，定義上Aよりも上に位置することはない。

③A（45度線）は，すべての構成員が同額の所得を得ている際の理想線であり，これをローレンツ曲線とみなしたとき，ジニ係数は最小値の0になる。

④ジニ係数は不平等度を示す指標であり，最も不平等の時に1，最も平等の時に0になる。

【D3】
寄与度　　A:−1.12%,B: 6.07%,C: −0.45%

ラスパイレス指数：0.9357 (93.57%)，　パーシェ指数：0.9226 (92.26%)

0期，1期ともに価格 ×数量で消費額を出してから計算することに注意する。

【D4】正解③（2014 年統計調査士試験問題　問 28 より）

　表を正確に読み取り，記述と合わせて検討する。寄与度をみると，3月で最も値が大きいのは水道・光熱費であるが，4月は食費の値が 1.26 と最も大きくなっている。これにより③が誤りであることがわかる。2014 年 3 月から 4 月にかけては消費税の増税があり，消費パターンが一時的に変化した時期でもある。消費者物価指数は，「価格のみを変えて同じ物量を消費したときの仮想の消費支出」の基準時との比率であり増税によって物価が上昇した 4 月には大きな値を示している。②や④の記述は変化率と寄与度の関係を示した記述である。

【D5】正解④

①共分散は分散の大きい変数を用いると大きくなるが，相関係数は用いる変数の分散に依存しない。

②どちらか一方の変数の分散が0の場合は，データは水平または垂直な直線上に並ぶ。その場合，相関係数は算出できない。

③反比例とは，2つの変数の積が一定になる関係である。相関係数が負の場合はデータが右下がりの傾向にあることを示すのみで反比例の関係ではない。

④相関係数は測定対象の単位に依存しない。例えば身長をメートルで記してもセンチメートルで記しても算出される値は一致する。

⑤相関係数も平均や分散と同様，外れ値が一つあるだけでその値は大きく変動するため，分析の際には注意を要する。

【D6】正解①（2013 年専門統計調査士試験問題　問 33 より）

　分散はデータの散らばり具合を示す統計量であるため，2 つの分散がわかっても平均

の違いがわかるわけではない。平均が同じでも分散が異なる場合もあり，平均が異なっても分散が同じ場合もある。それぞれ独立の概念である。

【D7】 約 21.6%

ある数値が同じ変化率で推移したとき，累積の変化率は和ではなく積をとることによって求められる。+5% の変化率は，1 を足すことによって比率 1.05 倍と変換できる。4 期にわたって 1.05 倍を繰り返していけば，

$$(1 + 0.05)^4 = 1.215506$$

より，1.216 倍すなわち +21.6% となる。このように月・四半期などの変化率から年間の変化率を推計することを**年率換算**という。

【D8】 約 9.5%

前問とは逆の計算を行う。4 期かけて 1.44 倍になっているということは，すべての期の変化率が同じであれば，4 乗して 1.44 倍である。したがって，その**平均変化率**を求めるには 4 乗根を求めればよい。

$$\sqrt[4]{1.44} = 1.0954$$

【D9】 正解③（2013 年専門統計調査士試験問題　問 25 より）

記述に従って表を読み取っていくと，20 歳代でボランティア活動を「これまでにしたことはないし，今後もしないと思う」と回答した人は 30% であり，年齢層の 1/3 には達していないことがわかる。

【D10】 正解④

ヒストグラムの数値を累積していくと，第 1 四分位，中央値，第 3 四分位が含まれる階級は，それぞれ 200–300 万円，400–500 万円，700–800 万円である。ここから①②が誤りで④が正しいことがわかる。また，中央値の半分以下の所得の世帯はおよそ 200 万円未満と考えられ，その比率は 19.6% であることから③は誤り。所得の高い階級を順に足していくと，1000 万円以上の階級で 10% を超えるため，⑤も誤りであるとわかる。

付　録

付録1　基幹統計一覧表

作成主体		基幹統計名 もしくは加工統計名	統計種別	調査対象		調査周期
内閣府	1	国民経済計算	加工統計			四半期、毎年
総務省	2	国勢統計	調査統計	国内に常住している世帯	全数	5年
	3	労働力統計	調査統計	世帯および15歳以上の世帯員	標本	毎月
	4	就業構造基本統計	調査統計	世帯および15歳以上の世帯員	標本	5年
	5	個人企業経済統計	調査統計	特定の産業を営む全国の個人経営の事業所	標本	四半期(動向調査票) 毎年(構造調査票)
	6	小売物価統計	調査統計	店舗・事業所、民営借家、ホテル・旅館 小売店舗	標本	毎月(動向編) 毎年(構造編)
	7	家計統計	調査統計	世帯	標本	毎月
	8	全国家計構造統計	調査統計	世帯	標本	5年(平成31年から)
	9	住宅・土地統計	調査統計	住宅や居住用の建物およびそこに居住する世帯	標本	5年
	10	科学技術研究統計	調査統計	企業、非営利団体、公的機関および大学等	標本	毎年
	11	社会生活基本統計	調査統計	世帯および10歳以上の世帯員	標本	5年
	12	地方公務員給与実態統計	調査統計	都道府県、市町村、特別区等に属する特別職及び一般職の職員	全数	5年
	13	人口推計	加工統計			毎月,毎年(詳細版)
厚生労働省	14	人口動態統計	業務統計	出生、死亡、婚姻、離婚および死産	全数	毎月
	15	国民生活基礎統計	調査統計	世帯	標本	3年(大規模調査) 中間の各年(簡易調査)
	16	毎月勤労統計	調査統計	日本標準産業分類に基づく16大産業に属する事業所	標本	毎月
	17	賃金構造基本統計	調査統計	日本標準産業分類に基づく16大産業に属する事業所	標本	毎年
	18	薬事工業生産動態統計	調査統計	医薬品、医薬部外品、医療機器又は再生医療等製品を製造販売する事務所	全数	毎月
	19	医療施設統計	業務統計 調査統計	開設・廃止・変更等を行った医療施設 開設している全ての医療施設	全数	毎月(動態調査) 3年(静態調査)
	20	患者統計	調査統計	全国の医療施設を利用する患者	標本	3年
	21	生命表	加工統計			5年(完全生命表) 毎年(簡易生命表)
	22	社会保障費用統計	加工統計			毎年
農林水産省	23	農業経営統計	調査統計	農産物の販売目的で農業経営を行う世帯および組織 農産物の作付・販売を行う経営体 牛や豚の飼養・販売を行う経営体	標本	毎年
	24	農林業構造統計(農林業センサス)	調査統計	農林業を営む農家、林家および法人	全数	5年
	25	漁業構造統計(漁業センサス)	調査統計	水産業を営む世帯および法人	全数	5年
	26	作物統計	調査統計	面積調査:田畑および農協等の団体	標本	毎年
				作況調査(水陸稲、麦類、豆類、かんしょ、飼肥料作物、工芸農作物):それぞれ栽培されている土地、製造会社、製造工場等	標本	毎年
				作況調査(果樹):農協等の団体	全数	収穫・出荷終了時
				作況調査(果樹):販売目的で栽培した農林業経営体	標本	
				作況調査(野菜):農協等の団体	全数	収穫・出荷終了時
				作況調査(野菜):販売目的で作付けした農林業経営体	標本	
				作況調査(花き):花きを出荷した団体・業者・個人農家等	標本	毎年
				被害調査(被害応急調査):被害が発生またはその可能性がある区域内の全農作物および	全数	農作物に重大な被害が発生したとき
				被害調査(共済減収調査):共済金額が一定以上の都道府県	標本	収穫期(果樹の一部暴風雨襲来時)
	27	海面漁業生産統計	調査統計	前々年にかつお・まぐろ類に係る漁業を営んでいた海面漁業経営体 前年の調査で把握された水揚機関および水揚機関でない海面漁業経営体	全数	毎年
	28	木材統計	調査統計	製材品、木材チップ、単板及び合板を生産している事業所	標本	毎月、毎年
	29	牛乳乳製品統計	調査統計	乳製品工場及び牛乳処理場	全数	毎年(基礎調査) 毎月(月別調査)
経済産業省	30	経済産業省生産動態統計	調査統計	鉱産物や工業品の生産、販売および管理を行う事業所	全数	毎月
	31	商業動態統計	調査統計	卸売業、小売業のうち代理商、仲立業を除く事業所	標本	毎月
	32	石油製品需給動態統計	調査統計	石油製品の製造、輸入等を行う事業所	全数	毎月
	33	経済産業省企業活動基本統計	調査統計	企業	標本	毎年
	34	経済産業省特定業種石油等消費統計	調査統計	化学工業製品、石油製品等の特定製品を製造する経済産業省が定めた事業所	標本	毎月
	35	ガス事業生産動態統計	調査統計	ガス事業者	全数	毎月、四半期
	36	鉱工業指数	加工統計			毎月

調査手順	調査員	オンライン	統計作成の目的	
			経済の全体像を国際比較可能な形で体系的に記録する。	1
2,7	○	○	国内の人口及び世帯の実態を把握し、各種行政施策その他の基礎資料を得る。	2
	○	○	国民の就業及び不就業の状態を明らかにする。	3
2,7	○	○	国民の就業構造を全国的及び地域別に明らかにする。	4
1,7	○	○	製造業、卸売・小売業、飲食店又はサービス業を営む個人企業の経営の実態を明らかにする。	5
1,7	○	○	国民の消費生活に必要な商品の小売価格及びサービスの料金についてその毎月の動向及び地域別、事業所の形態別等の物価を明らかにする。	6
	○	×	国民生活における家計収支の実態を毎月明らかにする	7
1,2,7	○	○	全国消費実態統計を全面的に見直し、家計における消費、所得、資産及び負債の実態を総合的に明らかにする。	8
2,7	○	○	住宅及び住宅以外で人が居住する建物に関する実態並びに現住居以外の住宅及び土地の保有状況その他の住宅等に居住している世帯に関する実態を全国的及び地域別に明らかにする。	9
5,7	×	○	我が国における科学技術に関する研究活動の状態を明らかにする。	10
,7	○	○	国民の社会生活の基礎的事項を明らかにする。	11
2,4,7	×	○	地方公務員の給与の実態を明らかにする。	12
			国勢調査の実施間の時点においての各月，各年の人口の状況を把握する。	13
			出生、死亡、死産、婚姻及び離婚の実態を明らかにする。	14
	○	×	保健、医療、福祉、年金、所得等厚生行政の企画及び運営に必要な国民生活の基礎的事項を明らかにする。	15
,7	○（副次的）	○	雇用、給与及び労働時間の変動を全国的及び都道府県別に明らかにする。	16
,7	○	○	労働者の種類、職種、性、年齢、学歴、勤続年数、経験年数等と、賃金との関係を明らかにする。	17
,7	○	○	医薬品、医薬部外品、医療機器及び再生医療等製品に関する毎月の生産の実態等を明らかにする。	18
,4	×	○	医療施設の分布及び整備の実態並びに医療施設の診療機能の状況を明らかにする。	19
	×	○		
	×	×	医療施設を利用する患者の傷病の状況等の実態を明らかにする。	20
			全国の区域について、日本人の死亡及び生存の状況を分析する。	21
			社会保障に要する費用の規模及び政策分野ごとの構成を明らかにする。	22
,7	×	○	農業経営体の経営及び農産物の生産費の実態を明らかにする。	23
,5,7	○	○	農林行政に必要な農業及び林業の基礎的事項を明らかにする。	24
,5,7	○	○	水産行政に必要な漁業の基礎的事項を明らかにする	25
,7	○（副次的）	○ / ×	耕地及び作物の生産に関する実態を明らかにする。	26
,7	○（副次的）	○	海面漁業の生産に関する実態を明らかにする。	27
,7	○（副次的）	○	素材生産並びに木材製品の生産及び出荷等に関する実態を明らかにする。	28
	×	○	牛乳及び乳製品の生産に関する実態を明らかにする。	29
,5,6,7	○	○	鉱工業生産の動態を明らかにする。	30
,2,6,7	○	○	商業を営む事業所及び企業の事業活動の動向を明らかにする。	31
	×	○	石油製品の需給の実態を明らかにする。	32
,6,7	×	○	企業の活動の実態を明らかにする。	33
,6	×	○	工業における石油等の消費の動態を明らかにする。	34
,7	×	○	ガス事業の生産の実態を明らかにする。	35
			鉱工業製品を生産する国内の事業所における生産、出荷及び在庫に係る諸活動並びに各種設備の生産能力及び稼働状況を明らかにする。	36

作成主体		基幹統計名 もしくは加工統計名	統計種別	調査対象		調査周期
国土交通省	37	造船造機統計	調査統計	船舶の製造設備等を有する工場	全数	毎月
				船舶用機関や船舶用品の製造・修繕に常時10人以上の従業員を使用する工場	全数	四半期
	38	鉄道車両等生産動態統計	調査統計	鉄道車両等の製造を行う事業所	全数	毎月
				鉄道車両の改造・修理を行い、常時30人以上の従業員を使用する事業所		四半期
				鉄道車両部品の製造を行い、常時30人以上の従業員を使用する事業所		
				鉄道信号保安装置の製造を行い、常時50人以上の従業員を使用する事業所		
				索道搬器運行装置の製造を行う事業所		
	39	船員労働統計	調査統計	漁船や特殊船に乗り組む者	全数	毎年
				漁船及び特殊船以外の日本の船舶に乗り組む者	標本	毎年
	40	建築着工統計	業務統計	建築物の着工	全数	毎月
	41	建設工事統計	調査統計	国内や海外(大手企業のみ)で施行される建設工事	標本	毎月
				国土交通大臣が指定した建設業者およびその業者が施行した建設工事		毎年
	42	法人土地・建物基本統計	調査統計	会社、大規模法人	全数	5年
				中小規模法人	標本	
	43	港湾統計	調査統計	港湾調査規則に定める甲種港湾	全数	毎月(甲種港湾調査票)
				港湾調査規則に定める乙種港湾		毎年(乙種港湾調査票)
	44	自動車輸送統計	調査統計	国土交通大臣が選定等する登録自動車および軽自動車	標本	毎月
	45	内航船舶輸送統計	調査統計	国土交通大臣が選定した内航運送をする事業者	標本	毎月
				自家用船舶により貨物を輸送する者	全数	毎年
財務省	46	法人企業統計	調査統計	営利法人等(大企業)	全数	四半期、毎年
				営利法人等(中小企業)	標本	
文部科学省	47	学校基本統計	調査統計	学校教育法に定める学校、市町村教育委員会	全数	毎年
	48	学校教員統計	調査統計	学校の本務教員	全数	3年
	49	学校保健統計	調査統計	文部科学大臣指定の学校に在籍する5～17歳の幼児、児童および生徒	標本	毎年
	50	社会教育統計	調査統計	都道府県・市町村教育委員会、公民館、図書館、博物館、民間体育施設等	全数	3年
国税庁	51	民間給与実態統計	調査統計	民間営業所の給与所得者	標本	毎年
総務省 経済産業省	52	経済構造統計	調査統計	事業所および企業	全数	5年(基礎調査)
					全数	不定期(活動調査)
					全数	毎年
総務省ほか	53	産業連関表	加工統計			概ね5年

※新型コロナウイルス感染症の流行を受け，政府統計ではオンライン化が 2020 年 4 月頃から段階的に進められ，程度の差はあるが患者統計以外の統計では調査に際してオンライン調査が導入された。

調査手順	調査員	統計作成の目的	
, 7	×	造船及び造機の実態を明らかにする。	37
, 7	×	鉄道車両、鉄道車両部品、鉄道信号保安装置及び索道搬器運行装置の生産の実態を明らかにする。	38
, 7	×	船員の報酬、雇用等に関する実態を明らかにする。	39
, 7	○(副次的)	全国における建築物の建設の着工動態を明らかにする。	40
, 7	×	建設工事及び建設業の実態を明らかにする	41
, 7	×	国及び地方公共団体以外の法人が所有する土地及び建物の所有及び利用並びに当該法人による土地の購入及び売却についての基礎的事項を全国的及び地域別に明らかにする。	42
, 7	○	港湾の実態を明らかにし、港湾の開発、利用及び管理に資する。	43
, 6, 7	×	自動車輸送の実態を明らかにする。	44
, 7	×	船舶による国内の貨物の輸送の実態を明らかにする。	45
, 7	×	我が国における法人の企業活動の実態を明らかにする。	46
, 2, 6, 7	×	学校教育行政に必要な学校に関する基本的事項を明らかにする。	47
, 4, 6, 7	×	学校の教員構成並びに教員の個人属性、職務態様及び異動状況等を明らかにする。	48
, 7	×	学校における幼児、児童、生徒、学生及び職員の発育及び健康の状態並びに健康診断の実施状況及び保健設備の状況を明らかにする。	49
, 4, 6, 7	×	社会教育行政に必要な社会教育に関する基本的事項を明らかにする。	50
, 7	×	民間給与の実態を明らかにし、租税に関する制度及び税務行政の運営に必要な基本的事項を明らかにする。	51
, 2, 6, 7	○	経済センサス：すべての産業分野における事業所及び企業の活動からなる経済の構造を全国的及び地域別に明らかにする。	52
, 7	○	経済構造実態調査：製造業及びサービス産業の付加価値等の構造を明らかにする。	
		生産活動における産業相互の連関構造並びに生産活動と消費、投資、輸出等との関連及び生産活動と雇用者所得、営業余剰等との関連を明らかにする。	53

（調査手順の番号は p.32 の図番号と対応）

付録2　統計法（抄）

平成十九年法律第五十三号
統計法
統計法（昭和二十二年法律第十八号）の全部を改正する。

第一章　総則

（目的）

第一条　この法律は、公的統計が国民にとって合理的な意思決定を行うための基盤となる重要な情報であることにかんがみ、公的統計の作成及び提供に関し基本となる事項を定めることにより、公的統計の体系的かつ効率的な整備及びその有用性の確保を図り、もって国民経済の健全な発展及び国民生活の向上に寄与することを目的とする。

（定義）

第二条　この法律において「行政機関」とは、法律の規定に基づき内閣に置かれる機関若しくは内閣の所轄の下に置かれる機関、宮内庁、内閣府設置法（平成十一年法律第八十九号）第四十九条第一項若しくは第二項に規定する機関又は国家行政組織法（昭和二十三年法律第百二十号）第三条第二項に規定する機関をいう。

2　この法律において「独立行政法人等」とは、次に掲げる法人をいう。

一　独立行政法人（独立行政法人通則法（平成十一年法律第百三号）第二条第一項に規定する独立行政法人をいう。次号において同じ。）

二　法律により直接に設立された法人、特別の法律により特別の設立行為をもって設立された法人（独立行政法人を除く。）又は特別の法律により設立され、かつ、その設立に関し行政庁の認可を要す

る法人のうち、政令で定めるもの

3　この法律において「公的統計」とは、行政機関、地方公共団体又は独立行政法人等（以下「行政機関等」という。）が作成する統計をいう。

4　この法律において「基幹統計」とは、次の各号のいずれかに該当する統計をいう。

一　第五条第一項に規定する国勢統計

二　第六条第一項に規定する国民経済計算

三　行政機関が作成し、又は作成すべき統計であって、次のいずれかに該当するものとして総務大臣が指定するもの

イ　全国的な政策を企画立案し、又はこれを実施する上において特に重要な統計

ロ　民間における意思決定又は研究活動のために広く利用されると見込まれる統計

ハ　国際条約又は国際機関が作成する計画において作成が求められている統計その他国際比較を行う上において特に重要な統計

5　この法律において「統計調査」とは、行政機関等が統計の作成を目的として個人又は法人その他の団体に対し事実の報告を求めることにより行う調査をいう。ただし、次に掲げるものを除く。

一　行政機関等がその内部において行うもの

二　この法律及びこれに基づく命令以外の法律又は政令において、行政機関等に対し、報告を求めることが規定されているもの

三　政令で定める行政機関等が政令で定める事務に関して行うもの

6　この法律において「基幹統計調査」とは、基幹統計の作成を目的とする統計調査をいう。

7　この法律において「一般統計調査」とは、行政機関が行う統計調査のうち基幹統計調査以外のものをいう。

8　この法律において「事業所母集団データベース」とは、事業所に関する情報の集合物であって、それらの情報を電子計算機を用いて検索することができるように体系的に構成したものをいう。

9　この法律において「統計基準」とは、公的統計の作成に際し、その統一性又は総合性を確保するための技術的な基準をいう。

10　この法律において「行政記録情報」とは、行政機関の職員が職務上作成し、又は取得した情報であって、当該行政機関の職員が組織的に利用するものとして、当該行政機関が保有しているもののうち、行政文書（行政機関の保有する情報の公開に関する法律（平成十一年法律第四十二号）第二条第二項に規定する行政文書をいう。）に記録されているもの（基幹統計調査及び一般統計調査に

係る調査票情報、事業所母集団データベースに記録されている情報並びに匿名データを除く。）をいう。

11　この法律において「調査票情報」とは、統計調査によって集められた情報のうち、文書、図画又は電磁的記録（電子的方式、磁気的方式その他人の知覚によっては認識することができない方式で作られた記録をいう。）に記録されているものをいう。

12　この法律において「匿名データ」とは、一般の利用に供することを目的として調査票情報を特定の個人又は法人その他の団体の識別（他の情報との照合による識別を含む。）ができないように加工したものをいう。

（基本理念）

第三条　公的統計は、行政機関等における相互の協力及び適切な役割分担の下に、体系的に整備されなければならない。

2　公的統計は、適切かつ合理的な方法により、かつ、中立性及び信頼性が確保されるように作成されなければならない。

3　公的統計は、広く国民が容易に入手し、効果的に利用できるものとして提供されなければならない。

4　公的統計の作成に用いられた個人又は法人その他の団体に関する秘密は、保護されなければならない。

（行政機関等の責務等）

第三条の二　行政機関等は、前条の基本理念にのっとり、公的統計を作成する責務を有する。

2　公的統計を作成する行政機関等は、情報の提供その他の活動を通じて、公的統計が国民にとって合理的な意思決定を行うための基盤となる重要な情報であることに関し国民の理解を深めるとともに、公的統計の作成に関し当該公的統計を作成する行政機関等以外の行政機関等その他の関係者並びにその他の個人及び法人その他の団体の協力を得るよう努めなければならない。

3　基幹統計を作成する行政機関以外の行政機関の長、地方公共団体の長その他の執行機関、独立行政法人等その他の関係者又はその他の個人若しくは法人その他の団体は、当該基幹統計を作成する行政機関の長から必要な資料の提供、調査、報告その他の協力を求められたときは、その求めに応じるよう努めなければならない。

（基本計画）

第四条　政府は、公的統計の整備に関する施策の総合的かつ計画的な推進を図るため、公的統計の整備に関する基本的な計画（以下この条において「基本計画」という。）を定めなければならない。

2　基本計画は、次に掲げる事項について定めるものとする。

一　公的統計の整備に関する施策についての基本的な方針

二　公的統計を整備するために政府が総合的かつ計画的に講ずべき施策

三　その他公的統計の整備を推進するために必要な事項

3　基本計画を定めるに当たっては、公的統計について、基幹統計に係る事項とその他の公的統計に係る事項とを区分して記載しなければならない。

4　総務大臣は、関係行政機関の長に協議するとともに、統計委員会の意見を聴いて、基本計画の案を作成し、閣議の決定を求めなければならない。

5　総務大臣は、前項の規定により基本計画の案を作成しようとするときは、あらかじめ、総務省令で定めるところにより、国民の意見を反映させるために必要な措置を講ずるものとする。

6　政府は、統計をめぐる社会経済情勢の変化を勘案し、及び公的統計の整備に関する施策の効果に関する評価を踏まえ、おおむね五年ごとに、基本計画を変更するものとする。この場合においては、前二項の規定を準用する。

7　統計委員会は、基本計画の実施状況を調査審議し、公的統計の整備に関する施策の総合的かつ計画的な推進を図るため必要があると認めるときは、総務大臣又は総務大臣を通じて関係行政機関の長に勧告することができる。

8　総務大臣又は関係行政機関の長は、前項の規定による勧告に基づき講じた施策について統計委員会に報告しなければならない。

第二章　公的統計の作成
第一節　基幹統計

（国勢統計）

第五条　総務大臣は、本邦に居住している者として政令で定める者について、人及び世帯に関する全数調査を行い、これに基づく統計（以下この条において「国勢統計」という。）を作成しなければならない。

2　総務大臣は、前項に規定する全数調査（以下「国勢調査」という。）を十年ごとに行い、国勢統計を作成しなければならない。ただし、当該国勢調査を行った年から五年目に当たる年には簡易な方法による国勢調査を行い、国勢統計を作成するものとする。

3　総務大臣は、前項に定めるもののほか、必要があると認めるときは、臨時の国勢調査を行い、国勢統計を作成することができる。

（国民経済計算）

第六条　内閣総理大臣は、国際連合の定める国民経済計算の体系に関する基準に準拠し、国民経済計算

の作成基準（以下この条において単に「作成基準」という。）を定め、これに基づき、毎年少なくとも一回、国民経済計算を作成しなければならない。

2　内閣総理大臣は、作成基準を定めようとするときは、あらかじめ、統計委員会の意見を聴かなければならない。これを変更しようとするときも、同様とする。

3　内閣総理大臣は、作成基準を定めたときは、これを公示しなければならない。これを変更したときも、同様とする。

（基幹統計の指定）

第七条　総務大臣は、第二条第四項第三号の規定による指定（以下この条において単に「指定」という。）をしようとするときは、あらかじめ、当該行政機関の長に協議するとともに、統計委員会の意見を聴かなければならない。

2　総務大臣は、指定をしたときは、その旨を公示しなければならない。

3　前二項の規定は、指定の変更又は解除について準用する。

（基幹統計の公表等）

第八条　行政機関の長は、基幹統計を作成したときは、速やかに、当該基幹統計及び基幹統計に関し政令で定める事項をインターネットの利用その他の適切な方法により公表しなければならない。

2　行政機関の長は、前項の規定による公表をしようとするときは、あらかじめ、当該基幹統計の公表期日及び公表方法を定め、インターネットの利用その他の適切な方法により公表するものとする。

3　行政機関の長は、国民が基幹統計に関する情報を常に容易に入手することができるよう、当該情報の長期的かつ体系的な保存その他の適切な措置を講ずるものとする。

第二節　統計調査

第一款　基幹統計調査

（基幹統計調査の承認）

第九条　行政機関の長は、基幹統計調査を行おうとするときは、あらかじめ、総務大臣の承認を受けなければならない。

2　前項の承認を受けようとする行政機関の長は、次に掲げる事項を記載した申請書を総務大臣に提出しなければならない。

一　調査の名称及び目的

二　調査対象の範囲

三　報告を求める事項及びその基準となる期日又は期間

四　報告を求める個人又は法人その他の団体

五　報告を求めるために用いる方法

六　報告を求める期間

七　集計事項

八　調査結果の公表の方法及び期日

九　使用する統計基準その他総務省令で定める事項

3　前項の申請書には、調査票その他総務省令で定める書類を添付しなければならない。

4　総務大臣は、第一項の承認の申請があったときは、統計委員会の意見を聴かなければならない。ただし、統計委員会が軽微な事項と認めるものについては、この限りでない。

（承認の基準）

第十条　総務大臣は、前条第一項の承認の申請に係る基幹統計調査が次に掲げる要件のすべてに適合していると認めるときは、同項の承認をしなければならない。

一　前条第二項第二号から第六号までに掲げる事項が当該基幹統計の作成の目的に照らして必要かつ十分なものであること。

二　統計技術的に合理的かつ妥当なものであること。

三　他の基幹統計調査との間の重複が合理的と認められる範囲を超えていないものであること。

（基幹統計調査の変更又は中止）

第十一条　行政機関の長は、第九条第一項の承認を受けた基幹統計調査を変更し、又は中止しようとするときは、あらかじめ、総務大臣の承認を受けなければならない。

2　第九条第四項の規定は前項に規定する基幹統計調査の変更及び中止の承認について、前条の規定は同項に規定する基幹統計調査の変更の承認について準用する。

（措置要求）

第十二条　総務大臣は、第九条第一項の承認に基づいて行われている基幹統計調査が第十条各号に掲げる要件のいずれかに適合しなくなったと認めるときは、当該行政機関の長に対し、当該基幹統計調査の変更又は中止を求めることができる。

2　総務大臣は、前項の規定による変更又は中止の求めをしようとするときは、あらかじめ、統計委員会の意見を聴かなければならない。

（報告義務）

第十三条　行政機関の長は、第九条第一項の承認に基づいて基幹統計調査を行う場合には、基幹統計の作成のために必要な事項について、個人又は法人その他の団体に対し報告を求めることができる。

2　前項の規定により報告を求められた個人又は法人その他の団体は、これを拒み、又は虚偽の報告をしてはならない。

3　第一項の規定により報告を求められた個人が、未成年者（営業に関し成年者と同一の行為能力を有する者を除く。）又は成年被後見人である場合においては、その法定代理人が本人に代わって報告する義務を負う。

（統計調査員）

第十四条　行政機関の長は、その行う基幹統計調査の

実施のため必要があるときは、統計調査員を置くことができる。

（立入検査等）

第十五条　行政機関の長は、その行う基幹統計調査の正確な報告を求めるため必要があると認めるときは、当該基幹統計調査の報告を求められた個人又は法人その他の団体に対し、その報告に関し資料の提出を求め、又はその統計調査員その他の職員に、必要な場所に立ち入り、帳簿、書類その他の物件を検査させ、若しくは関係者に質問させることができる。

2　前項の規定により立入検査をする統計調査員その他の職員は、その身分を示す証明書を携帯し、関係者の請求があったときは、これを提示しなければならない。

3　第一項の規定による権限は、犯罪捜査のために認められたものと解釈してはならない。

（地方公共団体が処理する事務）

第十六条　基幹統計調査に関する事務の一部は、政令で定めるところにより、地方公共団体の長又は教育委員会が行うこととすることができる。

（基幹統計調査と誤認させる調査の禁止）

第十七条　何人も、国勢調査その他の基幹統計調査の報告の求めであると人を誤認させるような表示又は説明をすることにより、当該求めに対する報告として、個人又は法人その他の団体の情報を取得してはならない。

第十八条　削除

第二款　一般統計調査

（一般統計調査の承認）

第十九条　行政機関の長は、一般統計調査を行おうとするときは、あらかじめ、総務大臣の承認を受けなければならない。

2　第九条第二項及び第三項の規定は、前項の承認について準用する。

（承認の基準）

第二十条　総務大臣は、前条第一項の承認の申請に係る一般統計調査が次に掲げる要件のすべてに適合していると認めるときは、同項の承認をしなければならない。

一　統計技術的に合理的かつ妥当なものであること。

二　行政機関が行う他の統計調査との間の重複が合理的と認められる範囲を超えていないものであること。

（一般統計調査の変更又は中止）

第二十一条　行政機関の長は、第十九条第一項の承認を受けた一般統計調査を変更しようとするときは、あらかじめ、総務大臣の承認を受けなければならない。ただし、総務省令で定める軽微な変更をしようとするときは、この限りでない。

2　前条の規定は、前項に規定する一般統計調査の変更の承認について準用する。

3　行政機関の長は、第十九条第一項の承認を受けた一般統計調査を中止しようとするときは、あらかじめ、総務大臣にその旨を通知しなければならない。

（一般統計調査の改善の要求）

第二十二条　総務大臣は、第十九条第一項の承認に基づいて行われている一般統計調査が第二十条各号に掲げる要件のいずれかに適合しなくなったと認めるときは、当該行政機関の長に対し、報告を求める事項の変更その他当該要件に適合するために必要な措置をとるべきことを求めることができる。

2　総務大臣は、前項の行政機関の長が同項の規定による求めに応じなかったときは、当該一般統計調査の中止を求めることができる。

（一般統計調査の結果の公表等）

第二十三条　行政機関の長は、一般統計調査の結果を作成したときは、速やかに、当該一般統計調査の結果及び一般統計調査に関し政令で定める事項をインターネットの利用その他の適切な方法により公表しなければならない。ただし、特別の事情があるときは、その全部又は一部を公表しないことができる。

2　第八条第三項の規定は、一般統計調査の結果に関する情報について準用する。

第三款　指定地方公共団体又は指定独立行政法人等が行う統計調査

（指定地方公共団体が行う統計調査）

第二十四条　地方公共団体（地方公共団体の規模を勘案して政令で定めるものに限る。以下「指定地方公共団体」という。）の長その他の執行機関は、統計調査を行おうとするときは、あらかじめ、政令で定めるところにより、次に掲げる事項を総務大臣に届け出なければならない。これを変更しようとするときも、同様とする。

一　調査の名称及び目的

二　調査対象の範囲

三　報告を求める事項及びその基準となる期日又は期間

四　報告を求める個人又は法人その他の団体

五　報告を求めるために用いる方法

六　報告を求める期間

2　総務大臣は、前項の規定による届出のあった統計調査が基幹統計調査の実施に支障を及ぼすおそれがあると認めるときは、当該指定地方公共団体の長その他の執行機関に対し、当該届出のあった統計調査の変更又は中止を求めることができる。

（指定独立行政法人等が行う統計調査）

第二十五条　独立行政法人等（その業務の内容その他の事情を勘案して大規模な統計調査を行うことが

想定されるものとして政令で定めるものに限る。以下「指定独立行政法人等」という。）は、統計調査を行おうとするときは、あらかじめ、政令で定めるところにより、前条第一項各号に掲げる事項を総務大臣に届け出なければならない。これを変更しようとするときも、同様とする。

第三節 雑則

（基幹統計の作成方法の通知等）

第二十六条 行政機関の長は、統計調査以外の方法により基幹統計を作成する場合には、その作成の方法について、あらかじめ、総務大臣に通知しなければならない。当該作成の方法を変更しようとするとき（政令で定める軽微な変更をしようとするときを除く。）も、同様とする。

2 総務大臣は、前項の規定による通知があった基幹統計の作成の方法を改善する必要があると認めるときは、当該行政機関の長に意見を述べることができる。

3 総務大臣は、前項の規定により意見を述べようとするときは、あらかじめ、統計委員会の意見を聴かなければならない。

（事業所母集団データベースの整備）

第二十七条 総務大臣は、行政機関等による正確かつ効率的な統計の作成及び統計調査その他の統計を作成するための調査における被調査者（当該調査の報告を求められる個人又は法人その他の団体をいう。第二十九条第一項において同じ。）の負担の軽減に資することを目的として、基幹統計調査又は一般統計調査に係る調査票情報の利用、法人その他の団体に対する照会その他の方法により、事業所母集団データベースを整備するものとする。

2 行政機関の長、地方公共団体の長その他の執行機関又は独立行政法人等は、次に掲げる目的のため、総務大臣から事業所母集団データベースに記録されている情報の提供を受けることができる。

一 その行う事業所に関する統計調査その他の事業所に関する統計を作成するための調査の対象の抽出

二 その行う事業所に関する統計の作成

（統計基準の設定）

第二十八条 総務大臣は、政令で定めるところにより、統計基準を定めなければならない。

2 総務大臣は、前項の統計基準を定めようとするときは、あらかじめ、統計委員会の意見を聴かなければならない。これを変更し、又は廃止しようとするときも、同様とする。

3 総務大臣は、第一項の統計基準を定めたときは、これを公示しなければならない。これを変更し、又は廃止したときも、同様とする。

（協力の要請）

第二十九条 行政機関の長は、他の行政機関が保有す

る行政記録情報を用いることにより正確かつ効率的な統計の作成又は統計調査その他の統計を作成するための調査における被調査者の負担の軽減に相当程度寄与すると認めるときは、当該行政記録情報を保有する行政機関の長に対し、その提供を求めることができる。この場合において、行政記録情報の提供を求める行政機関の長は、当該行政記録情報を保有する行政機関の長に対し、利用目的その他の政令で定める事項を明示しなければならない。

2 行政機関の長は、前項に定めるもののほか、基幹統計調査を円滑に行うためその他基幹統計を作成するため必要があると認めるときは、他の行政機関の長に対し、必要な資料の提供、調査、報告その他の協力を求めることができる。

3 行政機関の長は、前項の規定による求めを行った場合において、他の行政機関の長の協力が得られなかったときは、総務大臣に対し、その旨を通知するものとする。

第三十条 行政機関の長は、前条第一項及び第二項に定めるもののほか、基幹統計調査を円滑に行うためその他基幹統計を作成するため必要があると認めるときは、地方公共団体の長その他の執行機関、独立行政法人等その他の関係者又はその他の個人若しくは法人その他の団体（次項において「被要請者」という。）に対し、必要な資料の提供、調査、報告その他の協力を求めることができる。

2 行政機関の長は、前項の規定による求めを行った場合において、被要請者の協力を得られなかったときは、総務大臣に対し、その旨を通知するものとする。

第三十一条 総務大臣は、第二十九条第三項又は前条第二項の規定による通知があった場合において、基幹統計調査を円滑に行うためその他基幹統計を作成するため必要があると認めるときは、当該基幹統計を作成する行政機関以外の行政機関の長、地方公共団体の長その他の執行機関、独立行政法人等その他の関係者又はその他の個人若しくは法人その他の団体に対し、当該基幹統計を作成する行政機関の長への必要な資料の提供、調査、報告その他の協力を行うよう求めることができる。

2 総務大臣は、前項の規定による求めを行おうとするときは、あらかじめ、統計委員会の意見を聴かなければならない。

第三章 調査票情報等の利用及び提供

（調査票情報の二次利用）

第三十二条 行政機関の長又は指定独立行政法人等は、次に掲げる場合には、その行った統計調査に係る調査票情報を利用することができる。

一 統計の作成又は統計的研究（以下「統計の作成等」

という。）を行う場合

二　統計調査その他の統計を作成するための調査に係る名簿を作成する場合

（調査票情報の提供）

第三十三条　行政機関の長又は指定独立行政法人等は、次の各号に掲げる者が当該各号に定める行為を行う場合には、総務省令で定めるところにより、これらの者からの求めに応じ、その行った統計調査に係る調査票情報をこれらの者に提供することができる。

一　行政機関等その他これに準ずる者として総務省令で定める者　統計の作成等又は統計調査その他の統計を作成するための調査に係る名簿の作成

二　前号に掲げる者が行う統計の作成等と同等の公益性を有する統計の作成等として総務省令で定めるものを行う者　当該総務省令で定める統計の作成等

2　行政機関の長又は指定独立行政法人等は、前項（第一号を除く。以下この項及び次項において同じ。）の規定により調査票情報を提供したときは、総務省令で定めるところにより、次に掲げる事項をインターネットの利用その他の適切な方法により公表しなければならない。

一　前項の規定により調査票情報の提供を受けた者の氏名又は名称

二　前項の規定により提供した調査票情報に係る統計調査の名称

三　前二号に掲げるもののほか、総務省令で定める事項

3　第一項の規定により調査票情報の提供を受けた者は、当該調査票情報を利用して統計の作成等を行ったときは、総務省令で定めるところにより、遅滞なく、作成した統計又は行った統計的研究の成果を当該調査票情報を提供した行政機関の長又は指定独立行政法人等に提出しなければならない。

4　行政機関の長又は指定独立行政法人等は、前項の規定により統計又は統計的研究の成果が提出されたときは、総務省令で定めるところにより、次に掲げる事項をインターネットの利用その他の適切な方法により公表するものとする。

一　第二項第一号及び第二号に掲げる事項

二　前項の規定により提出された統計若しくは統計的研究の成果又はその概要

三　前二号に掲げるもののほか、総務省令で定める事項

第三十三条の二　行政機関の長又は指定独立行政法人等は、前条第一項に定めるもののほか、総務省令で定めるところにより、一般からの求めに応じ、その行った統計調査に係る調査票情報を学術研究の発展に資する統計の作成等その他の行政機関の

長又は指定独立行政法人等が行った統計調査に係る調査票情報の提供を受けて行うことについて相当の公益性を有する統計の作成等として総務省令で定めるものを行う者に提供することができる。

2　前条第二項及び第四項の規定は前項の規定により調査票情報を提供した行政機関の長又は指定独立行政法人等について、同条第三項の規定は前項の規定により調査票情報の提供を受けた者について、それぞれ準用する。この場合において、同条第二項中「前項（第一号を除く。以下この項及び次項において同じ。）」とあり、同項第一号及び第二号中「前項」とあり、並びに同条第三項中「第一項」とあるのは、「次条第一項」と読み替えるものとする。

（委託による統計の作成等）

第三十四条　行政機関の長又は指定独立行政法人等は、その業務の遂行に支障のない範囲内において、総務省令で定めるところにより、一般からの委託に応じ、その行った統計調査に係る調査票情報を利用して、学術研究の発展に資する統計の作成等その他の行政機関の長又は指定独立行政法人等が行った統計調査に係る調査票情報を利用して行うことについて相当の公益性を有する統計の作成等として総務省令で定めるものを行うことができる。

2　行政機関の長又は指定独立行政法人等は、前項の規定により統計の作成等を行うこととしたときは、総務省令で定めるところにより、次に掲げる事項をインターネットの利用その他の適切な方法により公表するものとする。

一　前項の規定により統計の作成等の委託をした者の氏名又は名称

二　前項の規定により統計の作成等に利用する調査票情報に係る統計調査の名称

三　前二号に掲げるもののほか、総務省令で定める事項

3　行政機関の長又は指定独立行政法人等は、第一項の規定により統計の作成等を行ったときは、総務省令で定めるところにより、次に掲げる事項をインターネットの利用その他の適切な方法により公表するものとする。

一　前項第一号及び第二号に掲げる事項

二　第一項の規定により作成した統計若しくは行った統計的研究の成果又はその概要

三　前二号に掲げるもののほか、総務省令で定める事項

（匿名データの作成）

第三十五条　行政機関の長又は指定独立行政法人等は、その行った統計調査に係る調査票情報を加工して、匿名データを作成することができる。

2　行政機関の長は、前項の規定により基幹統計調査

に係る匿名データを作成しようとするときは、あらかじめ、統計委員会の意見を聴かなければならない。

（匿名データの提供）

第三十六条　行政機関の長又は指定独立行政法人等は、総務省令で定めるところにより、一般からの求めに応じ、前条第一項の規定により作成した匿名データを学術研究の発展に資する統計の作成等その他の匿名データの提供を受けて行うことについて相当の公益性を有する統計の作成等として総務省令で定めるものを行う者に提供することができる。

2　第三十三条第二項及び第四項の規定は前項の規定により匿名データを提供した行政機関の長又は指定独立行政法人等について、同条第三項の規定は前項の規定により匿名データの提供を受けた者について、それぞれ準用する。この場合において、同条第二項中「前項（第一号を除く。以下この項及び次項において同じ。）」とあり、同項第一号及び第二号中「前項」とあり、並びに同条第三項中「第一項」とあるのは「第三十六条第一項」と、同条第二項及び第三項中「調査票情報」とあるのは「匿名データ」と読み替えるものとする。

（事務の委託）

第三十七条　行政機関の長又は指定独立行政法人等は、その行った統計調査に係る調査票情報に関し第三十三条の二第一項、第三十四条第一項又は前条第一項の規定に基づき行う事務の全部を委託するときは、独立行政法人統計センターに委託しなければならない。

（手数料）

第三十八条　第三十三条の二第一項の規定により行政機関の長が行った統計調査に係る調査票情報の提供を受ける者、第三十四条第一項の規定により行政機関の長に委託をする者又は第三十六条第一項の規定により行政機関の長が作成した匿名データの提供を受ける者は、実費を勘案して政令で定める額の手数料を国（独立行政法人統計センターが第三十三条の二第一項、第三十四条第一項又は第三十六条第一項の規定に基づき行政機関の長が行う事務の全部を行う場合にあっては、独立行政法人統計センター）に納めなければならない。

2　前項の規定により独立行政法人統計センターに納められた手数料は、独立行政法人統計センターの収入とする。

3　第三十三条の二第一項の規定により指定独立行政法人等が行った統計調査に係る調査票情報の提供を受ける者、第三十四条第一項の規定により指定独立行政法人等に委託をする者又は第三十六条第一項の規定により指定独立行政法人等が作成した匿名データの提供を受ける者は、実費を勘案して、

かつ、第一項の手数料の額を参酌して指定独立行政法人等が定める額の手数料を当該指定独立行政法人等に納めなければならない。

4　指定独立行政法人等は、前項の規定による手数料の額の定めを一般の閲覧に供しなければならない。

第四章　調査票情報等の保護

（調査票情報等の適正な管理）

第三十九条　次の各号に掲げる者は、当該各号に定める情報を適正に管理するために必要な措置として総務省令で定めるものを講じなければならない。

一　行政機関の長　当該行政機関が行った統計調査に係る調査票情報、第二十七条第一項の規定により利用する基幹統計調査又は一般統計調査に係る調査票情報、事業所母集団データベースに記録されている情報（当該情報の取扱いに関する業務の委託を受けた場合その他の当該委託に係る業務を受託した場合における当該業務に係るものを除く。）、第二十九条第一項の規定により他の行政機関から提供を受けた行政記録情報及び第三十五条第一項の規定により作成した匿名データ

二　指定地方公共団体の長その他の執行機関　当該指定地方公共団体が行った統計調査に係る調査票情報及び第二十七条第二項の規定により総務大臣から提供を受けた事業所母集団データベースに記録されている情報

三　地方公共団体の長その他の執行機関（前号に掲げる者を除く。）　第二十七条第二項の規定により総務大臣から提供を受けた事業所母集団データベースに記録されている情報

四　指定独立行政法人等　当該指定独立行政法人等が行った統計調査に係る調査票情報、第二十七条第二項の規定により総務大臣から提供を受けた事業所母集団データベースに記録されている情報及び第三十五条第一項の規定により作成した匿名データ

五　独立行政法人等（前号に掲げる者を除く。）　第二十七条第二項の規定により総務大臣から提供を受けた事業所母集団データベースに記録されている情報

2　前項の規定は、同項各号に掲げる者から当該各号に定める情報の取扱いに関する業務の委託を受けた者その他の当該委託に係る業務を受託した者について準用する。

（調査票情報等の利用制限）

第四十条　行政機関の長、指定地方公共団体の長その他の執行機関又は指定独立行政法人等は、この法律（指定地方公共団体の長その他の執行機関にあっては、この法律又は当該指定地方公共団体の条例）に特別の定めがある場合を除き、その行っ

た統計調査の目的以外の目的のために、当該統計調査に係る調査票情報を自ら利用し、又は提供してはならない。

2　第二十七条第二項の規定により総務大臣から事業所母集団データベースに記録されている情報の提供を受けた行政機関の長、地方公共団体の長その他の執行機関又は独立行政法人等は、同項各号に掲げる目的以外の目的のために、当該事業所母集団データベースに記録されている情報を自ら利用し、又は提供してはならない。

3　第二十九条第一項の規定により行政記録情報の提供を受けた行政機関の長は、当該行政記録情報を同項の規定により明示した利用目的以外の目的のために自ら利用し、又は提供してはならない。

（守秘義務）

第四十一条　次の各号に掲げる者は、当該各号に定める業務に関して知り得た個人又は法人その他の団体の秘密を漏らしてはならない。

一　第三十九条第一項第一号に定める情報の取扱いに従事する行政機関の職員又は職員であった者　当該情報を取り扱う業務

二　第三十九条第一項第二号又は第三号に定める情報の取扱いに従事する地方公共団体の職員又は職員であった者　当該情報を取り扱う業務

三　第三十九条第一項第四号又は第五号に定める情報の取扱いに従事する独立行政法人等の役員若しくは職員又はこれらの職にあった者　当該情報を取り扱う業務

四　行政機関等から前三号の情報の取扱いに関する業務の委託を受けた者その他の当該委託に係る業務に従事する者又は従事していた者　当該委託に係る業務

五　地方公共団体が第十六条の規定により基幹統計調査に関する事務の一部を行うこととされた場合において、基幹統計調査に係る調査票情報、事業所母集団データベースに記録されている情報及び第二十九条第一項の規定により他の行政機関から提供を受けた行政記録情報の取扱いに従事する当該地方公共団体の職員又は職員であった者　当該情報を取り扱う業務

六　前号に規定する地方公共団体から同号の情報の取扱いに関する業務の委託を受けた者その他の当該委託に係る業務に従事する者又は従事していた者　当該委託に係る業務

（調査票情報等の提供を受けた者による適正な管理）

第四十二条　次の各号に掲げる者は、当該各号に定める情報を適正に管理するために必要な措置として総務省令で定めるものを講じなければならない。

一　第三十三条第一項又は第三十三条の二第一項の規定により調査票情報の提供を受けた者　当該調査票情報

二　第三十六条第一項の規定により匿名データの提供を受けた者　当該匿名データ

2　前項の規定は、同項各号に掲げる者から当該各号に定める情報の取扱いに関する業務の委託を受けた者その他の当該委託に係る業務を受託した者について準用する。

（調査票情報の提供を受けた者の守秘義務等）

第四十三条　次の各号に掲げる者は、当該各号に定める業務に関して知り得た個人又は法人その他の団体の秘密を漏らしてはならない。

一　前条第一項第一号に掲げる者であって、同号に定める調査票情報の取扱いに従事する者又は従事していた者　当該調査票情報を取り扱う業務

二　前条第一項第一号に掲げる者から同号に定める調査票情報の取扱いに関する業務の委託を受けた者その他の当該委託に係る業務に従事する者又は従事していた者　当該委託に係る業務

2　第三十三条第一項若しくは第三十三条の二第一項の規定により調査票情報の提供を受けた者若しくは第三十六条第一項の規定により匿名データの提供を受けた者又はこれらの者から当該調査票情報若しくは当該匿名データの取扱いに関する業務の委託を受けた者その他の当該委託に係る業務に従事する者若しくは従事していた者は、当該調査票情報又は当該匿名データをその提供を受けた目的以外の目的のために自ら利用し、又は提供してはならない。

第五章　統計委員会

（設置）

第四十四条　総務省に、統計委員会（以下「委員会」という。）を置く。

（所掌事務）

第四十五条　委員会は、次に掲げる事務をつかさどる。

一　総務大臣の諮問に応じて統計及び統計制度の発達及び改善に関する基本的事項を調査審議すること。

二　前号に掲げる事項に関し、総務大臣に意見を述べること。

三　第四条第四項（同条第六項において準用する場合を含む。）、第七条第一項（同条第三項において準用する場合を含む。）、第九条第四項（第十一条第二項において準用する場合を含む。）、第十二条第二項、第二十六条第三項、第二十八条第二項、第三十一条第二項、次条又は第五十五条第三項の規定により総務大臣に意見を述べること。

四　第四条第七項の規定により総務大臣又は総務大臣を通じて関係行政機関の長に勧告すること。

五　第六条第二項の規定により内閣総理大臣に意見を述べること。

六　第三十五条第二項の規定により行政機関の長に意

見を述べること。

七　第五十五条第三項の規定により関係行政機関の長に意見を述べること。

八　前各号に定めるもののほか、この法律の規定によりその権限に属させられた事項を処理すること。

（委員会の意見の聴取）

第四十五条の二　総務大臣は、次に掲げる場合には、あらかじめ、委員会の意見を聴かなければならない。ただし、委員会が軽微な事項と認めるものについては、この限りでない。

一　第二条第二項第二号若しくは第五項第三号、第五条第一項、第八条第一項、第二十三条第一項、第二十四条第一項、第二十五条又は第二十九条第一項の政令の制定又は改廃の立案をしようとするとき。

二　第四条第五項、第三十三条第一項、第三十三条の二第一項、第三十四条第一項、第三十六条第一項、第三十九条第一項又は第四十二条第一項の総務省令を制定し、又は改廃しようとするとき。

（組織）

第四十六条　委員会は、委員十三人以内で組織する。

2　委員会に、特別の事項を調査審議させるため必要があるときは、臨時委員を置くことができる。

3　委員会に、専門の事項を調査させるため必要があるときは、専門委員を置くことができる。

（委員等の任命）

第四十七条　委員及び臨時委員は、学識経験のある者のうちから、内閣総理大臣が任命する。

2　専門委員は、当該専門の事項に関し学識経験のある者のうちから、内閣総理大臣が任命する。

（委員の任期等）

第四十八条　委員の任期は、二年とする。ただし、補欠の委員の任期は、前任者の残任期間とする。

2　委員は、再任されることができる。

3　臨時委員は、その者の任命に係る当該特別の事項に関する調査審議が終了したときは、解任されるものとする。

4　専門委員は、その者の任命に係る当該専門の事項に関する調査が終了したときは、解任されるものとする。

5　委員、臨時委員及び専門委員は、非常勤とする。

（委員長）

第四十九条　委員会に、委員長を置き、委員の互選により選任する。

2　委員長は、会務を総理し、委員会を代表する。

3　委員長に事故があるときは、あらかじめその指名する委員が、その職務を代理する。

（幹事）

第四十九条の二　委員会に、幹事を置く。

2　幹事は、総務省及び関係行政機関の職員のうちから、内閣総理大臣が任命する。

3　幹事は、委員会の所掌事務について、委員、臨時委員及び専門委員を補佐する。

4　幹事は、非常勤とする。

（資料の提出等の要求）

第五十条　委員会は、その所掌事務を遂行するため必要があると認めるときは、総務大臣又は関係行政機関の長に対し、資料の提出、意見の開陳、説明その他必要な協力を求めることができる。

（政令への委任）

第五十一条　この法律に規定するもののほか、委員会に関し必要な事項は、政令で定める。

第六章　雑則

（行政機関の保有する個人情報の保護に関する法律等の適用除外）

第五十二条　基幹統計調査及び一般統計調査に係る調査票情報に含まれる個人情報（行政機関の保有する個人情報の保護に関する法律（平成十五年法律第五十八号）第二条第二項に規定する個人情報及び独立行政法人等の保有する個人情報の保護に関する法律（平成十五年法律第五十九号。次項において「独立行政法人等個人情報保護法」という。）第二条第二項に規定する個人情報をいう。以下この項において同じ。）、事業所母集団データベースに含まれる個人情報並びに第二十九条第一項の規定により他の行政機関から提供を受けた行政記録情報に含まれる個人情報については、これらの法律の規定は、適用しない。

2　指定独立行政法人等であって、独立行政法人等個人情報保護法第二条第一項に規定する独立行政法人等に該当するものが行った統計調査に係る調査票情報に含まれる個人情報（同条第二項に規定する個人情報をいう。）については、独立行政法人等個人情報保護法の規定は、適用しない。

（公的統計の作成方法に関する調査研究の推進等）

第五十三条　国及び地方公共団体は、公的統計の作成方法に関する調査、研究及び開発を推進するとともに、統計調査員その他の公的統計の作成に従事する職員の人材の確保及び資質の向上のために必要な研修その他の措置を講じなければならない。

（公的統計の所在情報の提供）

第五十四条　総務大臣は、公的統計を利用しようとする者の利便を図るため、インターネットの利用を通じて迅速に公的統計の所在に関する情報を提供できるよう必要な措置を講ずるものとする。

（施行の状況の公表等）

第五十五条　総務大臣は、行政機関の長、地方公共団体の長その他の執行機関又は独立行政法人等に対し、この法律の施行の状況について報告を求めることができる。

2　総務大臣は、毎年度、前項の報告を取りまとめ、

その概要を公表するとともに、委員会に報告しなければならない。

3　委員会は、前項の規定による報告があったときは、この法律の施行に関し、総務大臣又は関係行政機関の長に対し、意見を述べることができる。

（資料の提出及び説明の要求）

第五十六条　総務大臣は、前条第一項に定めるもののほか、この法律を施行するため必要があると認めるときは、関係行政機関の長、地方公共団体の長その他の執行機関、独立行政法人等その他の関係者又はその他の個人若しくは法人その他の団体に対し、資料の提出及び説明を求めることができる。

（命令への委任）

第五十六条の二　この法律に定めるもののほか、この法律の実施のために必要な事項は、命令で定める。

第七章　罰則

第五十七条　次の各号のいずれかに該当する者は、二年以下の懲役又は百万円以下の罰金に処する。

一　第十七条の規定に違反して、国勢調査その他の基幹統計調査の報告の求めであると人を誤認させるような表示又は説明をすることにより、当該求めに対する報告として、個人又は法人その他の団体の情報を取得した者

二　第四十一条の規定に違反して、その業務に関して知り得た個人又は法人その他の団体の秘密を漏らした者

三　第四十三条第一項の規定に違反して、その業務に関して知り得た個人又は法人その他の団体の秘密を漏らした者

2　前項第一号の罪の未遂は、罰する。

第五十八条　基幹統計の業務に従事する者又は従事していた者が、当該基幹統計を第八条第二項の規定により定められた公表期日以前に、他に漏らし、又は盗用したときは、一年以下の懲役又は百万円以下の罰金に処する。

第五十九条　第四十一条各号に掲げる者が、その取り扱う同条各号に規定する情報を自己又は第三者の不正な利益を図る目的で提供し、又は盗用したときは、一年以下の懲役又は五十万円以下の罰金に処する。

2　第四十三条第一項各号に掲げる者が、その取扱い又は利用に係る調査票情報を自己又は第三者の不正な利益を図る目的で提供し、又は盗用したときも前項と同様とする。

第六十条　次の各号のいずれかに該当する者は、六月以下の懲役又は五十万円以下の罰金に処する。

一　第十三条に規定する基幹統計調査の報告を求められた個人又は法人その他の団体の報告を妨げた者

二　基幹統計の作成に従事する者で基幹統計をして真実に反するものたらしめる行為をした者

第六十一条　次の各号のいずれかに該当する者は、

五十万円以下の罰金に処する。

一　第十三条の規定に違反して、基幹統計調査の報告を拒み、又は虚偽の報告をした個人又は法人その他の団体（法人その他の団体にあっては、その役職員又は構成員として当該行為をした者）

二　第十五条第一項の規定による資料の提出をせず、若しくは虚偽の資料を提出し、又は同項の規定による検査を拒み、妨げ、若しくは忌避し、若しくは同項の規定による質問に対して答弁をせず、若しくは虚偽の答弁をした者

三　第三十六条第一項の規定により匿名データの提供を受けた者又は当該匿名データの取扱いに関する業務の委託を受けた者その他の当該委託に係る業務に従事する者若しくは従事していた者で、当該匿名データを自己又は第三者の不正な利益を図る目的で提供し、又は盗用した者

第六十二条　第五十七条第一項第二号及び第三号、第五十八条、第五十九条並びに前条第三号の罪は、日本国外においてこれらの罪を犯した者にも適用する。

平成二十年政令第三百三十四号

統計法施行令

内閣は、統計法（平成十九年法律第五十三号）第二条第二項第二号及び第五項第三号、第八条第一項、第十六条、第十八条、第二十三条第一項、第二十四条第一項、第二十五条、第二十六条第一項、第二十八条第一項、第二十九条第一項、第三十七条、第三十八条第一項並びに附則第十六条の規定に基づき、並びに同法を実施するため、統計法施行令（昭和二十四年政令第百三十号）の全部を改正するこの政令を制定する。

（公的統計の作成主体となるべき法人）

第一条 統計法（以下「法」という。）第二条第二項第二号の政令で定める法人は、沖縄科学技術大学院大学学園、沖縄振興開発金融公庫、外国人技能実習機構、株式会社国際協力銀行、株式会社日本政策金融公庫、株式会社日本貿易保険、原子力損害賠償・廃炉等支援機構、国立大学法人、大学共同利用機関法人、日本銀行、日本司法支援センター、日本私立学校振興・共済事業団、日本中央競馬会、日本年金機構、農水産業協同組合貯金保険機構、放送大学学園及び預金保険機構とする。

（統計調査の範囲から除かれる行政機関等及び事務）

第二条 法第二条第五項第三号の政令で定める行政機関等及び政令で定める事務は、それぞれ次の各号に掲げる行政機関等及び当該行政機関等が行う事務であって当該各号に定めるものとする。

一 国家公安委員会 警察法（昭和二十九年法律第百六十二号）第五条第四項及び第五項に規定する事務

二 財務省 財務省設置法（平成十一年法律第九十五号）第四条第一項第四十九号に掲げる事務（財務省の所掌事務に関する外国為替の取引の管理及び調整に関する事務に限る。）

三 海上保安庁 海上保安庁法（昭和二十三年法律第二十八号）第五条第一号から第十九号までに掲げる事務、同条第二十九号に掲げる事務（同条第一号から第十八号までに掲げる事務を遂行するために使用する船舶及び航空機の整備計画及び運用に関する事務に限る。）及び同条第三十号に掲げる事務

四 防衛省 防衛省設置法（昭和二十九年法律第百六十四号）第四条第一項に規定する事務（同項第二十五号に掲げる事務を除く。）及び同法附則第二項の表の下欄に掲げる事務（平成三十五年五月十六日までの間の項の下欄に掲げる事務を除く。）

五 都道府県 当該都道府県に置かれた都道府県警察において警察法第三十六条第二項の規定による責務を遂行するために行う事務

（基幹統計に関する公表事項）

第三条 法第八条第一項の政令で定める事項は、次の各号に掲げる場合の区分に応じ、当該各号に定める事項とする。

一 統計調査以外の方法により基幹統計を作成した場合 当該基幹統計の目的、作成の方法、当該基幹統計における用語の定義その他の当該基幹統計の利用に際し参考となるべき事項

二 統計調査の方法により基幹統計を作成した場合 当該基幹統計の目的、統計調査の方法により作成された旨、当該統計調査に関し次に掲げる事項、当該基幹統計における用語の定義その他の当該基幹統計の利用に際し参考となるべき事項

イ 調査対象の範囲

ロ 報告を求めた事項及びその基準とした期日又は期間

ハ 報告を求めた個人又は法人その他の団体

ニ 報告を求めるために用いた方法

（地方公共団体が処理する事務）

第四条 基幹統計調査に関する事務のうち、別表第一の第一欄に掲げる基幹統計に係るものについてはそれぞれ同表の第二欄に掲げる当該事務の区分に応じ都道府県知事が同表の第三欄に掲げる事務を、市町村長（特別区の長を含む。以下同じ。）が同表の第四欄に掲げる事務を行うこととし、別表第二の上欄に掲げる基幹統計に係るものについてはそれぞれ同表の中欄に掲げる当該事務の区分に応じ都道府県知事が同表の下欄に掲げる事務を行うこととし、別表第三の第一欄に掲げる基幹統計に係るものについては同表の第二欄に掲げる当該事務の区分に応じ都道府県の教育委員会が同表の第三欄に掲げる事務を、市町村（特別区を含む。以下同じ。）の教育委員会が同表の第四欄に掲げる事務を行うこととし、別表第四の第一欄に掲げる基幹統計に係るものについてはそれぞれ同表の第二欄に掲げる当該事務の区分に応じ都道府県知事が同表の第三欄に掲げる事務を、都道府県の教育委員会が同表の第四欄に掲げる事務を、市町村長が同表の第五欄に掲げる事務を、市町村の教育委員会が同表の第六欄に掲げる事務を行うこととし、別表第五の第一欄に掲げる基幹統計に係るものについては同表の第二欄に掲げる当該事務の区分に応じ都道府県知事が同表の第三欄に掲げる事務を、都道府県の教育委員会が同表の第四欄に掲げる事務を、市町村の教育委員会が同表の第五欄に掲げる事務を行うこととする。

2 前項の規定により都道府県又は市町村が行うこととされている事務（統計調査員の設置に関する事務、都道府県知事に対する統計調査員の候補者の推薦に関する事務、統計調査員の身分を示す証票の交付に関する事務並びに統計調査員の報酬及び費用の交付に関する事務並びにこれらの事務

に附帯する事務を除く。）は、地方自治法（昭和二十二年法律第六十七号）第二条第九項第一号に規定する第一号法定受託事務とする。

3 第一項の規定により市町村が行うこととされている事務のうち、都道府県知事に対する統計調査員の候補者の推薦に関する事務、統計調査員の身分を示す証票の交付に関する事務並びに統計調査員の報酬及び費用の交付に関する事務並びにこれらの事務に附帯する事務は、地方自治法第二条第九項第二号に規定する第二号法定受託事務とする。

（基幹統計調査であること等の明示）

第五条 行政機関の長は、基幹統計調査を行うに当たっては、その報告を求める個人又は法人その他の団体に対し、当該調査に係る統計が基幹統計に該当することを示す事実並びに当該調査について法第十三条及び第十五条の規定（これらの規定に係る罰則を含む。）の適用がある旨を、調査票に記載することその他の方法により、明示しなければならない。

（一般統計調査の結果に関する公表事項）

第六条 第三条（第一号を除く。）の規定は、法第二十三条第一項の政令で定める事項について準用する。

（指定地方公共団体及びその行う統計調査の届出の手続）

第七条 法第二十四条第一項の政令で定める地方公共団体は、都道府県及び地方自治法第二百五十二条の十九第一項の指定都市（以下「指定都市」という。）とする。

2 法第二十四条第一項の規定による届出は、当該届出に係る統計調査を行う日の三十日前までに同項各号に掲げる事項を記載した書類を届け出ることにより行うものとする。

3 前項の書類には、調査票を添付しなければならない。

（指定独立行政法人等及びその行う統計調査の届出の手続）

第八条 法第二十五条の政令で定める独立行政法人等は、日本銀行とする。

2 前条第二項及び第三項の規定は、法第二十五条の届出について準用する。

（作成方法の変更通知を要しない軽微な変更）

第九条 法第二十六条第一項の政令で定める軽微な変更は、次に掲げるものとする。

一 基幹統計で使用する用語の変更であって、法令の制定又は改廃に伴うもの

二 統計基準の変更に伴い当然必要とされる作成の方法の変更

三 災害の発生に伴う基幹統計の作成周期の変更

四 前三号に掲げるもののほか、作成する基幹統計の実質的な内容に影響を及ぼさない作成の方法の変更

（統計基準の設定方法）

第十条 法第二十八条第一項の統計基準は、公的統計の統一性又は総合性の確保を必要とする事項ごとに定めなければならない。

（行政記録情報の提供を求める際に明示すべき事項）

第十一条 法第二十九条第一項の政令で定める事項は、次に掲げる事項とする。

一 利用目的

二 提供を求める行政記録情報を特定するに足りる事項

三 提供を受けた行政記録情報の管理に関する事項

（手数料の額等）

第十二条 （省略）

別表第一 （第四条関係）
別表第二 （第四条関係）
別表第三 （第四条関係）
別表第四 （第四条関係）
別表第五 （第四条関係）

平成二十年総務省令第百四十五号
統計法施行規則
統計法（平成十九年法律第五十三号）第四条第五項
（同条第六項において準用する場合を含む。）、第
九条第二項第九号及び第三項（同法第十九条第二
項において準用する場合を含む。）、第十八条、第
二十一条第一項ただし書、第三十三条第一号及
び第二号、第三十四条並びに第三十六条並びに統
計法施行令（平成二十年政令第三百三十四号）第
十三条第三項及び附則第五条の規定に基づき、並
びに同法を実施するため、統計法施行規則（平成
十九年総務省令第百十二号）の全部を改正する省
令を次のように定める。
（用語）
第一条 この省令において使用する用語は、統計法（以
下「法」という。）及び統計法施行令（以下「令」
という。）において使用する用語の例による。
（基本計画について国民の意見を反映させるために必
要な措置）
第二条 総務大臣は、法第四条第四項の規定により同
条第一項に規定する基本計画（以下この条におい
て単に「基本計画」という。）の案を作成しよう
とするときは、あらかじめ、当該基本計画の素案
及び当該素案に対する意見の提出方法、提出期限、
提出先その他意見の提出に必要な事項をインター
ネットの利用、印刷物の配布その他適切な方法に
より一般に周知するものとする。
2 前項の規定は、基本計画の変更について準用する。
（基幹統計調査の承認の申請書に記載すべき事項）
第三条 法第九条第二項第九号の総務省令で定める事
項は、次に掲げる事項とする。
一 調査票情報の保存期間及び保存責任者
二 法第九条第二項第三号の報告を求める事項のう
ち、法第十五条第一項の規定による立入検査等の
対象とすることができる事項
（基幹統計調査の承認の申請書に添付すべき書類）
第四条 法第九条第三項の総務省令で定める書類は、
承認を受けようとする基幹統計調査の実施の必要
性を明らかにした書類とする。
（立入検査の証明書）
第五条 法第十五条第二項の立入検査をする統計調査
員その他の職員の身分を示す証明書は、別記様式
によるものとする。
（一般統計調査の承認の申請書に記載すべき事項等）
第六条 法第十九条第二項において準用する法第九条
第二項第九号の総務省令で定める事項は、第三条
第一号に掲げる事項とする。
2 法第十九条第二項において準用する法第九条第三
項の総務省令で定める書類は、承認を受けようと
する一般統計調査の実施の必要性を明らかにした
書類とする。

（総務大臣の承認を要しない一般統計調査の軽微な変
更）
第七条 法第二十一条第一項ただし書の総務省令で定
める軽微な変更は、次に掲げるものとする。
一 法令の制定若しくは改廃又は統計基準の変更に伴
い当然必要とされる形式的な変更
二 地域の名称の変更又は災害の発生に伴う調査対象
の範囲の変更
三 被調査者の負担の軽減を図るために行う、報告を
求めるために用いる方法又は報告を求める期間の
変更
四 災害が発生した地域に係る報告を求める期間の変
更
五 統計を利用しようとする者の利便を図るために行
う、集計事項又は調査結果の公表の方法若しくは
期日の変更
六 前各号に掲げる変更のほか、法第二十条各号に掲
げる要件に適合しているかどうかについて改めて
審査を行う必要がないもの
（法第三十三条第一項の規定による調査票情報の提供
に係る手続等）
第八条 法第三十三条第一項の規定により行政機関の
長又は指定独立行政法人等に調査票情報の提供を
依頼しようとする者（以下「第三十三条提供申出
者」という。）は、次に掲げる事項を記載した書
類（以下「第三十三条提供申出書」という。）に、
当該行政機関の長又は指定独立行政法人等が当該
調査票情報の提供に係る事務処理のために必要と
認める資料を添付して、当該行政機関の長又は指
定独立行政法人等に提出することにより、調査票
情報の提供の依頼の申出をするものとする。
一 第三十三条提供申出者が行政機関又は地方公共
団体（以下「公的機関」という。）であるときは、
次に掲げる事項
イ 当該公的機関の名称
ロ 担当する部局又は機関の名称、所在地及び連絡先
二 第三十三条提供申出者が法人その他の団体で代表
者又は管理人の定めがあるもの（以下「法人等」
という。）であるときは、次に掲げる事項
イ 当該法人等の名称及び住所
ロ 当該法人等の代表者又は管理人の氏名、職名及び
連絡先
三 第三十三条提供申出者が個人であるときは、次に
掲げる事項
イ 当該個人の氏名、生年月日及び住所
ロ 当該個人の職業、所属、職名及び連絡先
四 第三十三条提供申出者が前三号に掲げる者以外の
者であるときは、当該者を第一号の公的機関とみ
なし、同号に掲げる事項
五 代理人によって申出をするときは、次に掲げる事
項

イ　当該代理人の氏名、生年月日及び住所

ロ　当該代理人の職業、所属、職名及び連絡先

六　調査票情報に係る統計調査の名称、年次その他の当該調査票情報を特定するために必要な事項

七　調査票情報の利用場所

八　調査票情報の利用目的

九　調査票情報を取り扱う者が第十一条第二項各号に掲げる者に該当しない旨

十　前各号に掲げるもののほか、第十一条第一項各号に掲げる要件に該当することを確認するために必要な事項として、次のイからハまでに掲げる申出の区分に応じ、当該イからハまでに定める事項

イ　第十一条第一項第一号に該当する申出　次に掲げる事項

（1）　調査研究の名称、必要性、内容及び実施期間

（2）　委託し、又は共同して行うことに係る内容

（3）　調査票情報を利用する手法及び期間並びに調査票情報を利用して作成する統計等の内容

（4）　調査研究の成果を公表する方法

（5）　第四十二条に規定する調査票情報を適正に管理するために必要な措置として講ずる内容

（6）　調査票情報の提供を受ける方法及び年月日

（7）　（1）から（6）までに掲げるもののほか、行政機関の長又は指定独立行政法人等が特に必要と認める事項

ロ　第十一条第一項第二号に該当する申出　次に掲げる事項

（1）　イ（1）及び（3）から（6）までに掲げる事項

（2）　補助に係る内容

（3）　（1）及び（2）に掲げるもののほか、行政機関の長又は指定独立行政法人等が特に必要と認める事項

ハ　第十一条第一項第三号に該当する申出　次に掲げる事項

（1）　イ（5）及び（6）に掲げる事項

（2）　申出に係る統計の作成等が、行政機関の長若しくは地方公共団体の長その他の執行機関の行う政策の企画、立案、実施若しくは評価に有用である旨及びその内容又は法第三十三条第一項第二号に規定する同等の公益性を有するものとして特別な事由がある旨及びその内容

（3）　（1）及び（2）に掲げるもののほか、行政機関の長又は指定独立行政法人等が特に必要と認める事項

2　第三十三条提供申出者は、前項に規定する申出をするときは、行政機関の長又は指定独立行政法人等に対し、次に掲げる書類を提示し、又は提出するものとする。

一　第三十三条提供申出書及びこれに添付すべき資料（以下「第三十三条提供申出書等」という。）に記載されている第三十三条提供申出者（第三十三条提供申出者が個人である場合に限る。）及びその代理人の氏名、生年月日及び住所と同一の氏名、生年月日及び住所が記載されている運転免許証、健康保険の被保険者証、行政手続における特定の個人を識別するための番号の利用等に関する法律（平成二十五年法律第二十七号）第二条第七項に規定する個人番号カード、出入国管理及び難民認定法（昭和二十六年政令第三百十九号）第十九条の三に規定する在留カード、日本国との平和条約に基づき日本の国籍を離脱した者等の出入国管理に関する特例法（平成三年法律第七十一号）第七条第一項に規定する特別永住者証明書で申出の日において有効なものその他これらの者が本人であることを確認するに足りる書類

二　第三十三条提供申出者が法人等（法人等が独立行政法人等又は第十条に規定する者である場合を除く。）であるときは、第三十三条提供申出書等に記載されている当該法人等の名称及び住所並びに代表者又は管理人の氏名と同一の名称及び住所並びに氏名が記載されている登記事項証明書又は印鑑登録証明書で申出日前六月以内に作成されたものその他その者が本人であることを確認するに足りる書類

三　代理人によって申出をするときは、代理権を証明する書面

3　行政機関の長又は指定独立行政法人等は、第一項の規定により提出された第三十三条提供申出書等に不備があり、又はこれらに記載すべき事項の記載が不十分であると認めるときは、第三十三条提供申出者に対して、説明を求め、又は当該第三十三条提供申出書等の訂正を求めることができる。

第九条　行政機関の長又は指定独立行政法人等は、前条第一項の規定による申出を受けた場合において、当該申出に応じることが適当と認めるときは、第三十三条提供申出者に対し、当該申出に応じて当該申出に係る調査票情報の提供を行う旨を通知するものとする。

2　前項の通知を受けた第三十三条提供申出者は、当該通知に係る調査票情報の提供の実施を求めるときは、必要な事項を記載した総務大臣が告示で定める様式による依頼書に、当該通知を行った行政機関の長又は指定独立行政法人等が定める調査票情報の取扱いに関する事項（利用後にとるべき措置に関する事項を含む。）を遵守する旨記載した書面その他当該行政機関の長又は指定独立行政法人等が必要と認める書類を添付して、当該行政機関の長又は指定独立行政法人等に提出するものとする。

（行政機関等に準ずる者）

147

第十条 法第三十三条第一項第一号の総務省令で定める者は、会計検査院、地方独立行政法人、地方住宅供給公社、地方道路公社及び土地開発公社とする。

（調査票情報の提供を受けることができる統計の作成等）

第十一条 （省略）

（法第三十三条第二項の規定による調査票情報の提供を受けた者の氏名等の公表）

第十二条 法第三十三条第二項の規定による公表は、同条第一項の規定による調査票情報の提供をした後一月以内に行わなければならない。

第十三条 法第三十三条第二項第三号の総務省令で定める事項は、次に掲げる事項とする。

一 調査票情報を提供した年月日

二 調査票情報の提供を受けた者（個人に限る。）の職業、所属その他の当該者に関する情報であって、行政機関の長又は指定独立行政法人等が調査票情報の提供をすることが適当と認めた理由を構成する事項のうち必要と認める事項

三 調査票情報の利用目的

（法第三十三条第一項の規定により調査票情報を利用して作成した統計等の提出）

第十四条 法第三十三条第三項の規定により作成した統計又は行った統計的研究の成果を提出するときは、総務大臣が告示で定める様式による報告書及び調査票情報に係る管理簿を併せて提出しなければならない。

2 前項の統計及び統計的研究の成果並びに報告書は、電磁的記録をもって作成して提出しなければならない。

（法第三十三条第一項の規定により調査票情報を利用して作成した統計等の公表）

第十五条 法第三十三条第四項の規定による公表は、同条第三項の提出を受けた日から原則として三月以内に行わなければならない。

第十六条 （省略）

（法第三十三条の二第一項の規定による調査票情報の提供に係る手続等）

第十七条 法第三十三条の二第一項の規定により行政機関の長又は指定独立行政法人等に調査票情報の提供を依頼しようとする者（以下「第三十三条の二提供申出者」という。）は、次に掲げる事項を記載した書類（以下「第三十三条の二提供申出書」という。）に、当該行政機関の長又は指定独立行政法人等（これらの者が法第三十七条の規定により独立行政法人統計センターに事務の全部を委託するときは、独立行政法人統計センター。以下同じ。）が当該調査票情報の提供に係る事務処理のために必要と認める資料を添付して、当該行政機関の長又は指定独立行政法人等に提出することに

より、調査票情報の提供の依頼の申出をするものとする。

（一号から十号省略）

2 第三十三条の二提供申出者は、前項に規定する申出をするときは、行政機関の長又は指定独立行政法人等に対し、次に掲げる書類を提示し、又は提出するものとする。

（一号から三号省略）

3 行政機関の長又は指定独立行政法人等は、第一項の規定により提出された第三十三条の二提供申出書等に不備があり、又はこれらに記載すべき事項の記載が不十分であると認めるときは、第三十三条の二提供申出者に対して、説明を求め、又は当該第三十三条の二提供申出書等の訂正を求めることができる。

第十八条 行政機関の長又は指定独立行政法人等は、前条第一項の規定による申出を受けた場合において、当該申出に応じることが適当と認めるときは、第三十三条の二提供申出者に対し、当該申出に応じて当該申出に係る調査票情報の提供を行う旨並びに当該調査票情報の提供に係る手数料の額及び納付期限を通知するものとする。

2 前項の通知を受けた第三十三条の二提供申出者は、当該通知に係る調査票情報の提供の実施を求めるときは、納付する手数料の額及び納付方法その他必要な事項を記載した総務大臣が告示で定める様式による依頼書に、当該通知を行った行政機関の長又は指定独立行政法人等が定める調査票情報の取扱いに関する事項（利用後にとるべき措置に関する事項を含む。）を遵守する旨記載した書面その他当該行政機関の長又は指定独立行政法人等が必要と認める書類を添付して、当該行政機関の長又は指定独立行政法人等に提出するものとする。

3 前項の依頼書を提出する者は、納付期限までに手数料を納付しなければならない。

（法第三十三条の二第一項の規定による調査票情報の提供を受けて行うことについて相当の公益性を有する統計の作成等）

第十九条 法第三十三条の二第一項の調査票情報の提供を受けて行うことについて相当の公益性を有する統計の作成等は、次の各号に掲げるものとする。

一 学術研究の発展に資すると認められる統計の作成等であって、次に掲げる要件の全てに該当すると認められるもの

イ 次に掲げるものであって、調査票情報を学術研究の用に供することを直接の目的とすること。

（1） 学校教育法（昭和二十二年法律第二十六号）第一条に規定する大学若しくは高等専門学校若しくは同法第百二十四条に規定する専修学校（同法第百二十五条第一項に規定する専門課程に限る。）

148

（以下「大学等」という。）若しくは公益社団法人若しくは公益財団法人が行う調査研究（公益社団法人又は公益財団法人が行う調査研究については、公益社団法人及び公益財団法人の認定等に関する法律（平成十八年法律第四十九号）第二条第四号に規定する公益目的事業（（３）において「公益目的事業」という。）に該当するものに限る。以下この（１）において同じ。）又はこれらの者がこれらの者以外の者に委託し、若しくはこれらの者以外の者と共同して行う調査研究に係る統計の作成等

（２）　大学等に所属する教員が行う調査研究、又は当該教員がこれら以外の者と共同して行う調査研究に係る統計の作成等

（３）　その実施に要する費用の全部又は一部を大学等、公益社団法人又は公益財団法人が公募の方法により補助（公益社団法人又は公益財団法人が行う補助については、公益目的事業に該当するものに限る。）する調査研究に係る統計の作成等

（４）　行政機関の長又は地方公共団体の長その他執行機関が、法第三十三条の二第一項に規定する相当の公益性を有するものとして特別な事由があると認める統計の作成等

ロ　調査票情報を利用して行った研究の成果が公表（法第三十三条の二第二項の規定により準用する法第三十三条第四項の規定により行う公表を除く。）されること。

ハ　個人及び法人の権利利益、国の安全等を害するおそれがないこと。

ニ　第四十二条に規定する調査票情報を適正に管理するために必要な措置が講じられていること。

二　高等教育の発展に資すると認められる統計の作成等であって、次に掲げる要件の全てに該当すると認められるもの

イ　調査票情報を大学等の行う教育の用に供することを直接の目的とすること。

ロ　調査票情報を利用して行った教育内容が公表（法第三十三条の二第二項の規定により準用する法第三十三条第四項の規定により行う公表を除く。）されること。

ハ　前号ハ及びニに掲げる要件に該当すること。

２　前項の統計の作成等を行う者は、次のいずれにも該当しない者とする。

一　法、個人情報の保護に関する法律、行政機関の保有する個人情報の保護に関する法律若しくは独立行政法人等の保有する個人情報の保護に関する法律又はこれらの法律に基づく命令の規定に違反し、罰金以上の刑に処せられ、その執行を終わり、又は執行を受けることがなくなった日から起算して五年を経過しない者

二　暴力団員等

三　法人等であって、その役員のうちに前二号のいずれかに該当する者がある者

四　暴力団員等がその事業活動を支配する者又は暴力団員等をその業務に従事させ、若しくは当該業務の補助者として使用するおそれのある者

五　前各号に掲げる者のほか、調査票情報若しくは匿名データを利用して不適切な行為をしたことがあるか若しくは関係法令の規定に反した等の理由により法第三十三条の二第一項の規定により調査票情報を提供することが不適切であると行政機関の長又は指定独立行政法人等が認めた者

（法第三十三条の二第一項の規定による調査票情報の提供を受けた者の氏名等の公表）

第二十条　法第三十三条の二第二項の規定により準用する法第三十三条第二項の規定による公表は、法第三十三条の二第一項の規定による調査票情報の提供をした後一月以内に行わなければならない。

第二十一条　法第三十三条の二第二項の規定により準用する法第三十三条第二項第三号の総務省令で定める事項は、次に掲げる事項とする。

一　調査票情報を提供した年月日

二　調査票情報の提供を受けた者（個人に限る。）の職業、所属その他の当該者に関する情報であって、行政機関の長又は指定独立行政法人等が調査票情報の提供をすることが適当と認めた理由を構成する事項のうち必要と認める事項

三　調査票情報の利用目的

（法第三十三条の二第一項の規定により調査票情報を利用して作成した統計等の提出）

第二十二条　法第三十三条の二第二項の規定により準用する法第三十三条第三項の規定により作成した統計又は行った統計的研究の成果を提出するときは、総務大臣が告示で定める様式による報告書及び調査票情報に係る管理簿を併せて提出しなければならない。

２　前項の統計及び統計的研究の成果並びに報告書は、電磁的記録をもって作成して提出しなければならない。

（法第三十三条の二第一項の規定により調査票情報を利用して作成した統計等の公表）

第二十三条　法第三十三条の二第二項の規定により準用する法第三十三条第四項の規定による公表は、法第三十三条の二第二項の規定により準用する法第三十三条第三項の提出を受けた日から原則として三月以内に行わなければならない。

第二十四条　法第三十三条の二第二項の規定により準用する法第三十三条第四項第三号の総務省令で定める事項は、次に掲げる事項とする。

一　第二十一条各号に掲げる事項

二　法第三十三条の二第二項の規定により準用する法第三十三条第三項の規定により提出された統計又

は統計的研究の成果について、次に掲げる事項

イ　当該統計の作成又は統計的研究を行うに当たって利用した調査票情報に係る統計調査の名称、年次、当該調査票情報の地域の範囲その他の当該調査票情報を特定するために必要な事項

ロ　当該統計の作成の方法又は統計的研究の方法の確認をするために、行政機関の長又は指定独立行政法人等が特に必要と認める事項

三　法第三十三条の二第二項の規定により準用する法第三十三条第三項の規定により提出された統計又は統計的研究の成果について、その全部又は一部が学術研究の成果等として学術雑誌等に掲載され又は掲載されることが予定されている場合は、当該学術雑誌等の名称及び掲載年月日

（委託による統計の作成等に係る手続等）

第二十五条　法第三十四条第一項の規定により行政機関の長又は指定独立行政法人等に統計の作成等を委託しようとする者（以下「委託申出者」という。）は、次に掲げる事項を記載した書類（以下「委託申出書」という。）に、当該行政機関の長又は指定独立行政法人等が当該統計の作成等に係る事務処理のために必要と認める資料を添付して、当該行政機関の長又は指定独立行政法人等に提出することにより、委託の申出をするものとする。

　　　（一号から十号省略）

2　委託申出者は、前項に規定する申出をするときは、行政機関の長又は指定独立行政法人等に対し、次に掲げる書類を提示し、又は提出するものとする。

　　　（一号から三号省略）

3　行政機関の長又は指定独立行政法人等は、第一項の規定により提出された委託申出書等に不備があり、又はこれらに記載すべき事項の記載が不十分であると認めるときは、委託申出者に対して、説明を求め、又は当該委託申出書等の訂正を求めることができる。

第二十六条　行政機関の長又は指定独立行政法人等は、前条第一項の規定による申出を受けた場合において、当該申出に応じることが適当と認めるときは、委託申出者に対し、当該申出に応じて当該申出に係る統計の作成等を行う旨並びに当該統計の作成等に係る手数料の額及び納付期限を通知するものとする。

2　前項の通知を受けた委託申出者は、当該通知に係る統計の作成等の実施を求めるときは、納付する手数料の額及び納付方法その他必要な事項を記載した総務大臣が告示で定める様式による依頼書に、当該通知を行った行政機関の長又は指定独立行政法人等が当該統計の作成等に係る契約を行うために必要と認める書類を添付して、当該行政機関の長又は指定独立行政法人等に提出するものとする。

3　前項の依頼書を提出する者は、納付期限までに手数料を納付しなければならない。

（調査票情報を利用して行うことについて相当の公益性を有する委託による統計の作成等）

第二十七条　法第三十四条第一項の調査票情報を利用して行うことについて相当の公益性を有する統計の作成等は、次の各号に掲げるものとする。

一　学術研究の発展に資すると認められる統計の作成等であって、次に掲げる要件の全てに該当すると認められるもの

イ　統計成果物を研究の用に供すること。

ロ　次に掲げる要件のいずれかに該当すること。

（1）　統計成果物を利用して行った研究の成果が公表（法第三十四条第三項の規定により行う公表を除く。）されること。

（2）　統計成果物及びこれを用いて行った研究の成果を得るまでの過程の概要が公表されること。

ハ　個人及び法人の権利利益、国の安全等を害するおそれがないこと。

二　教育の発展に資すると認められる統計の作成等であって、次に掲げる要件の全てに該当すると認められるもの

イ　統計成果物を学校教育法第一条に規定する高等学校、中等教育学校（同法第六十六条に規定する後期課程に限る。）、特別支援学校（同法第七十六条第二項に規定する高等部に限る。）、大学若しくは高等専門学校又は同法第百二十四条に規定する専修学校（同法第百二十五条第一項に規定する一般課程を除く。）における教育の用に供することを直接の目的とすること。

ロ　統計成果物を利用して行った教育内容が公表（法第三十四条第三項の規定により行う公表を除く。）されること。

ハ　前号ハに掲げる要件に該当すること。

三　官民データ活用推進基本法（平成二十八年法律第百三号）第二十三条第三項の規定により指定された重点分野に係る統計の作成等であって、次に掲げる要件の全てに該当すると認められるもの

イ　国民経済の健全な発展又は国民生活の向上に寄与すると認められるもの

ロ　統計成果物を利用して行った事業等の内容が公表（法第三十四条第三項の規定により行う公表を除く。）されること。

ハ　第一号ハに掲げる要件に該当すること。

2　前項の統計の作成等の委託をする者は、次のいずれにも該当しない者とする。

　　　（一号から五号省略）

（統計の作成等の委託をした者の氏名等の公表）

第二十八条　法第三十四条第二項の規定による公表は、同条第一項の規定による委託による統計の作成等を行うこととした後一月以内に行わなければ

ならない。

第二十九条 法第三十四条第二項第三号の総務省令で定める事項は、次に掲げる事項とする。

一 統計の作成等の委託の年月日

二 統計の作成等の委託をした者（個人に限る。）の職業、所属その他の当該者に関する情報であって、行政機関の長又は指定独立行政法人等が統計の作成等を行うことが適当と認めた理由を構成する事項のうち必要と認める事項

三 統計の作成等の委託の目的

（調査票情報を利用して作成した統計等の公表）

第三十条 法第三十四条第三項の規定による公表は、同条第一項の統計の作成等を行った日から原則として三月以内に行わなければならない。

第三十一条 法第三十四条第三項第三号の総務省令で定める事項は、次に掲げる事項とする。

一 第二十九条各号に掲げる事項

二 法第三十四条第一項の規定により作成された統計又は行った統計的研究の成果について、次に掲げる事項

イ 当該統計の作成又は統計的研究を行うに当たって利用した調査票情報に係る統計調査の名称、年次、当該調査票情報の地域の範囲その他の当該調査票情報を特定するために必要な事項

ロ 当該統計の作成の方法又は統計的研究の方法の確認をするために、行政機関の長又は指定独立行政法人等が特に必要と認める事項

三 法第三十四条第一項の規定により作成された統計又は行った統計的研究の成果について、その全部又は一部が学術研究の成果等として学術雑誌等に掲載され又は掲載されることが予定されている場合は、当該学術雑誌等の名称及び掲載年月日

第三十二条 統計成果物の提供を受けた委託申出者は、当該統計成果物を用いて行った研究、教育又は事業等が終了したときは、遅滞なく、当該研究の成果、教育内容の概要又は事業等内容の概要その他の統計成果物を利用した実績に関する事項を記載した総務大臣が告示で定める様式による利用実績報告書を当該統計成果物の提供を行った行政機関の長又は指定独立行政法人等に提出するものとする。

2 統計成果物の提供を受けた委託申出者は、当該統計成果物を第二十五条第一項第八号の利用目的以外の目的のために自ら利用し、又は提供してはならない。ただし、当該統計成果物の提供を行った行政機関の長若しくは指定独立行政法人等の同意を得たとき又は第二十七条第一項第一号の場合において当該統計成果物を用いて行った研究の終了後に当該統計成果物が公表（法第三十四条第三項の規定により行う公表を除く。）されたときは、この限りでない。

（匿名データの提供に係る手続等）

第三十三条 法第三十六条第一項の規定により行政機関の長又は指定独立行政法人等に匿名データの提供を依頼しようとする者（以下「第三十六条提供申出者」という。）は、次に掲げる事項を記載した書類（以下「第三十六条提供申出書」という。）に、当該行政機関の長又は指定独立行政法人等が当該匿名データの提供に係る事務処理のために必要と認める資料を添付して、当該行政機関の長又は指定独立行政法人等に提出することにより、匿名データの提供の依頼の申出をするものとする。

（一号から十号省略）

2 第三十六条提供申出者は、前項に規定する申出をするときは、行政機関の長又は指定独立行政法人等に対し、次に掲げる書類を提示し、又は提出するものとする。

（一号から三号省略）

3 行政機関の長又は指定独立行政法人等は、第一項の規定により提出された第三十六条提供申出書等に不備があり、又はこれらに記載すべき事項の記載が不十分であると認めるときは、第三十六条提供申出者に対して、説明を求め、又は当該第三十六条提供申出書等の訂正を求めることができる。

第三十四条 行政機関の長又は指定独立行政法人等は、前条第一項の規定による申出を受けた場合において、当該申出に応じることが適当と認めるときは、第三十六条提供申出者に対し、当該申出に応じて当該申出に係る匿名データの提供を行う旨並びに当該匿名データの提供に係る手数料の額及び納付期限を通知するものとする。

2 前項の通知を受けた第三十六条提供申出者は、当該通知に係る匿名データの提供の実施を求めるときは、納付する手数料の額及び納付方法その他必要な事項を記載した総務大臣が告示で定める様式による依頼書に、当該通知を行った行政機関の長又は指定独立行政法人等が定める匿名データの取扱いに関する事項（利用後にとるべき措置に関する事項を含む。）を遵守する旨記載した書面その他当該行政機関の長又は指定独立行政法人等が必要と認める書類を添付して、当該行政機関の長又は指定独立行政法人等に提出するものとする。

3 前項の依頼書を提出する者は、納付期限までに手数料を納付しなければならない。

（匿名データの提供を受けて行うことについて相当の公益性を有する統計の作成等）

第三十五条 法第三十六条第一項の匿名データの提供を受けて行うことについて相当の公益性を有する統計の作成等は、次の各号に掲げるものとする。

一 学術研究の発展に資すると認められる統計の作成

等であって、次に掲げる要件の全てに該当すると認められるもの

イ 匿名データを学術研究の用に供することを直接の目的とすること。

ロ 匿名データを利用して行った研究の成果が公表（法第三十六条第二項の規定により準用する法第三十三条第四項の規定により行う公表を除く。）されること。

ハ 個人及び法人の権利利益、国の安全等を害するおそれがないこと。

ニ 第四十二条に規定する匿名データを適正に管理するために必要な措置が講じられていること。

二 教育の発展に資すると認められる統計の作成等であって、次に掲げる要件の全てに該当すると認められるもの

イ 匿名データを学校教育法第一条に規定する高等学校、中等教育学校（同法第六十六条に規定する後期課程に限る。）、特別支援学校（同法第七十六条第二項に規定する高等部に限る。）、大学若しくは高等専門学校又は同法第百二十四条に規定する専修学校（同法第百二十五条第一項に規定する一般課程を除く。）における教育の用に供することを直接の目的とすること。

ロ 匿名データを利用して行った教育内容が公表（法第三十六条第二項の規定により準用する法第三十三条第四項の規定により行う公表を除く。）されること。

ハ 前号ハ及びニに掲げる要件に該当すること。

三 国際社会における我が国の利益の増進及び国際経済社会の健全な発展に資すると認められる統計の作成等であって、次に掲げる要件の全てに該当すると認められる場合

イ 匿名データを国際比較を行う上で必要な統計の作成等にのみ用いること。

ロ 第三十六条提供申出者が、我が国が加盟している国際機関であること又は次に掲げる要件の全てに該当する者であること。

（1） 統計の作成等は、国際比較統計等の提供を目的とするものであること。

（2） 二以上の外国政府等からイに規定する統計の作成等に必要な調査票情報（これに類する情報を含み、匿名データと比較できるものに限る。）の提供を受けているか又は受ける見込みが確実であると認められ、かつ、公的機関等若しくは一以上の外国政府等から職員の派遣、資金の提供若しくは建物その他の施設の提供等の支援を受けているか又は受ける見込みが確実であると認められること。

ハ 次に掲げる第三十六条提供申出者の区分に応じ、それぞれ次に定める内容が公表（法第三十六条第二項の規定により準用する法第三十三条第四項に

より行う公表を除く。）されること。

（1） 我が国が加盟している国際機関 匿名データを用いて行った国際比較の結果

（2） 我が国が加盟している国際機関以外の者 匿名データを用いて行った国際比較統計等の提供の状況

ニ 第一号ハ及びニに掲げる要件に該当すること。

四 官民データ活用推進基本法第二十三条第三項の規定により指定された重点分野に係る統計の作成等であって、次に掲げる要件の全てに該当すると認められるもの

イ 国民経済の健全な発展又は国民生活の向上に寄与すると認められるもの

ロ 匿名データを利用して行った事業等の内容が公表（法第三十六条第二項の規定により準用する法第三十三条第四項の規定により行う公表を除く。）されること。

ハ 第一号ハ及びニに掲げる要件に該当すること。

2 前項の統計の作成等を行う者は、次のいずれにも該当しない者とする。

（一号から五号省略）

（匿名データの提供を受けた者の氏名等の公表）

第三十六条 法第三十六条第二項の規定により準用する法第三十三条第二項の規定による公表は、法第三十六条第一項の規定による匿名データの提供をした後一月以内に行わなければならない。

第三十七条 法第三十六条第二項の規定により準用する法第三十三条第二項第三号の総務省令で定める事項は、次に掲げる事項とする。

一 匿名データを提供した年月日

二 匿名データの提供を受けた者（個人に限る。）の職業、所属その他の当該者に関する情報であって、行政機関の長又は指定独立行政法人等が匿名データの提供をすることが適当と認めた理由を構成する事項のうち必要と認める事項

三 匿名データの利用目的

（匿名データを利用して作成した統計等の提出）

第三十八条 法第三十六条第二項の規定により準用する法第三十三条第三項の規定により作成した統計又は行った統計的研究の成果を提出するときは、総務大臣が告示で定める様式による報告書及び匿名データに係る管理簿を併せて提出しなければならない。

2 前項の統計及び統計的研究の成果並びに報告書は、電磁的記録をもって作成して提出しなければならない。

（匿名データを利用して作成した統計等の公表）

第三十九条 法第三十六条第二項の規定により準用する法第三十三条第四項の規定による公表は、法第三十六条の規定により準用する法第三十三条第三項の提出を受けた日から原則として三月以内に行

わなければならない。

第四十条　法第三十六条第二項の規定により準用する
　　法第三十三条第四項第三号の総務省令で定める事
　　項は、次に掲げる事項とする。

一　第三十七条各号に掲げる事項

二　法第三十六条第二項の規定により準用する法第
　　三十三条第三項の規定により提出された統計又は
　　統計的研究の成果について、次に掲げる事項

イ　当該統計の作成又は統計的研究を行うに当たって
　　利用した匿名データに係る統計調査の名称、年次、
　　その他の当該匿名データを特定するために必要な
　　事項

ロ　当該統計の作成の方法又は統計的研究の方法の確
　　認をするために、行政機関の長又は指定独立行政
　　法人等が特に必要と認める事項

三　法第三十六条第二項の規定により準用する法第
　　三十三条第三項の規定により提出された統計又は
　　統計的研究の成果について、その全部又は一部が
　　学術研究の成果等として学術雑誌等に掲載され又
　　は掲載されることが予定されている場合は、当該
　　学術雑誌等の名称及び掲載年月日

（調査票情報等の適正な管理）

第四十一条　（省略）

第四十二条　（省略）

平成十九年政令第三百号
統計委員会令
内閣は、統計法（平成十九年法律第五十三号）第五十一条の規定に基づき、この政令を制定する。
（分科会）
第一条　統計委員会（以下「委員会」という。）に、評価分科会（以下「分科会」という。）を置く。
2　分科会は、委員会の所掌事務のうち、統計法第五十五条第三項の規定により委員会の権限に属させられた事項（同法の施行に関し、主として統計技術の観点から評価を行い、その結果に基づき意見を述べることに限る。）を処理することをつかさどる。
3　分科会に属すべき委員、臨時委員及び専門委員は、内閣総理大臣が指名する。
4　分科会に分科会長を置き、分科会に属する委員の互選により選任する。
5　分科会長は、分科会の事務を掌理する。
6　分科会長に事故があるときは、分科会に属する委員のうちから分科会長があらかじめ指名する者が、その職務を代理する。
7　委員会は、その定めるところにより、分科会の議決をもって委員会の議決とすることができる。
（部会）
第二条　委員会及び分科会は、その定めるところにより、部会を置くことができる。
2　部会に属すべき委員、臨時委員及び専門委員は、委員長（分科会に置かれる部会にあっては、分科会長。次項において同じ。）が指名する。
3　部会に部会長を置き、当該部会に属する委員のうちから委員長が指名する。
4　部会長は、当該部会の事務を掌理する。
5　部会長に事故があるときは、当該部会に属する委員のうちから部会長があらかじめ指名する者が、その職務を代理する。
6　委員会（分科会に置かれる部会にあっては、分科会。以下この項において同じ。）は、その定めるところにより、部会の議決をもって委員会の議決とすることができる。
（議事）
第三条　委員会は、委員及び議事に関係のある臨時委員の過半数が出席しなければ、会議を開き、議決することができない。
2　委員会の議事は、委員及び議事に関係のある臨時委員で会議に出席したものの過半数で決し、可否同数のときは、委員長の決するところによる。
3　前二項の規定は、分科会及び部会の議事について準用する。
（庶務）
第四条　委員会の庶務は、総務省政策統括官において処理する。この場合において、当該処理する事項が国民経済計算の作成基準に関して内閣総理大臣

が委員会の意見を聴くことに係るものであるときは、内閣府大臣官房企画調整課の協力を得て処理するものとする。
（委員会の運営）
第五条　この政令に定めるもののほか、議事の手続その他委員会の運営に関し必要な事項は、委員長が委員会に諮って定める。
附　則
（施行期日）
第一条　この政令は、統計法附則第一条ただし書に規定する規定の施行の日（平成十九年十月一日）から施行する。
（統計審議会令の廃止）
第二条　統計審議会令（昭和二十七年政令第二百九十六号）は、廃止する。
（統計審議会の委員の任期）
第三条　この政令の施行の日の前日において統計審議会の委員である者の任期は、前条の規定による廃止前の統計審議会令第三条第一項の規定にかかわらず、その日に満了する。
（委員会の所掌事務に関する経過措置）
第四条　委員会は、統計法第四十五条に規定するもののほか、同法の施行の日の前日までの間、統計法施行令（昭和二十四年政令第百三十号）第一条及び第一条の三、統計調査に用いる産業分類並びに疾病、傷害及び死因分類を定める政令（昭和二十六年政令第百二十七号）第二条第三項並びに統計報告調整法施行令（昭和二十七年政令第三百九十六号）第一条の二の規定によりその権限に属させられた事項を処理する。
附　則　（平成二八年三月三一日政令第一〇三号）
（施行期日）
1　この政令は、平成二十八年四月一日から施行する。
（内閣府令の効力に関する経過措置）
2　この政令の施行の際現に効力を有する内閣府令で、第二十八条（第一号に係る部分に限る。）の規定による改正後の情報公開・個人情報保護審査会設置法施行令又は同条（第二号に係る部分に限る。）の規定による改正後の官民競争入札等監理委員会令の規定により総務省令で定めるべき事項を定めているものは、この政令の施行後は、総務省令としての効力を有するものとする。
（罰則に関する経過措置）
3　第三十五条の規定の施行前にした行為に対する罰則の適用については、なお従前の例による。
附　則　（平成三〇年七月一三日政令第二〇九号）
（施行期日）
第一条　この政令は、平成三十年七月二十日から施行する。
附　則　（平成三〇年八月三一日政令第二四七号）
この政令は、公布の日から施行する。

関連ウェブサイト

立教大学社会情報教育研究センター　統計検定情報

https://spirit.rikkyo.ac.jp/csi/toukei/SitePages/about.aspx

立教大学社会情報教育研究センター　統計調査士情報

https://spirit.rikkyo.ac.jp/csi/toukei/SitePages/measure.aspx

統計検定『統計調査士』出題範囲・過去問題・正解

https://www.toukei-kentei.jp/about/tyousa/

総務省統計委員会ウェブサイト

https://www.soumu.go.jp/main_sosiki/singi/toukei/index.html

総務省統計局ウェブサイト

https://www.stat.go.jp

政府統計の総合窓口　eStat

https://www.e-stat.go.jp/

各省庁ページ

経済産業省：https://www.meti.go.jp

農林水産省：https://www.maff.go.jp

厚生労働省：https://www.mhlw.go.jp/index.html

文部科学省：https://www.mext.go.jp

国土交通省：https://www.mlit.go.jp

より深く学ぶための参考図書

神林博史, 2016, 『1 歩前からはじめる「統計」の読み方・考え方』ミネルヴァ書房.

前田修也, 2016, 『統計資料がおもしろくなる　経済統計入門講座』弓前書院.

日本統計学会編, 2018, 『日本統計学会公式認定 統計検定 統計調査士・専門統計調査士 公式問題集 [2015 ～ 2017 年]』実務教育出版.

日本統計学会編, 2020, 『日本統計学会公式認定 統計検定 統計調査士・専門統計調査士 公式問題集 [2017 ～ 2019 年]』実務教育出版.

日本統計学会編, 2020, 『改訂版　統計検定 3 級対応　データの分析』東京図書.

日本統計学会編, 2023 年, 『統計検定専門統計調査士対応 調査の実施とデータの分析』東京図書.

李潔, 2018, 『入門 GDP 統計と経済波及効果分析第 2 版』大学教育出版.

佐藤正広, 2015, 『国勢調査　日本の百年』岩波現代全書.

清水雅彦・菅幹雄, 2013, 『経済学教室 6　経済統計』培風館.

総務省政策統括官（編）, 2014, 『日本標準産業分類』.

総務省統計局統計調査部国勢統計課, 2015, 「スマート国勢調査！──国勢調査が変わります全国一斉インターネット回答がスタートします！」『ESTRELA』255：18–21.

統計情報研究開発センター, 2015, 『統計実務基礎知識─平成 27 年 4 月改訂』

土屋隆裕, 2009, 『概説標本調査法』朝倉書店.

美添泰人・荒木万寿夫・元山斉, 2022 年, 『スタンダード　経済データの統計分析』培風館.

山下隆之・石橋太郎・伊東暁人・上籐一郎・黄愛珍・鈴木拓也, 2022, 『はじめよう経済学のための情報処理─Excel によるデータ処理とシミュレーション』第 5 版, 日本評論社.

索　引

157

158

〈執筆者一覧〉

立教大学社会情報教育研究センター　政府統計部会

櫻本 健
立教大学経済学部准教授，立教大学社会情報教育研究センター
政府統計部会リーダー

濱本 真一
立教大学社会情報教育研究センター　研究協力者

西林 勝吾
立教大学社会情報教育研究センター　研究協力者

日本の公的統計・統計調査　第三版

2019年10月25日　初版第一刷発行
2020年11月16日　初版第二刷発行
2021年11月16日　二版第一刷発行
2023年 3月31日　三版第一刷発行
2023年11月16日　三版第二刷発行

著　者　　櫻本　健
　　　　　濱本　真一
　　　　　西林　勝吾

表紙デザイン　　服部　好美

定価（本体価格2,000円＋税）

発　行　者　　立教大学 社会情報教育研究センター
　　　　　　　〒171-8501 東京都豊島区西池袋3-34-1
　　　　　　　TEL：03-3985-4459
　　　　　　　FAX：03-3985-2907
　　　　　　　URL：https://spirit.rikkyo.ac.jp/csi/

発　売　所　　株式会社　　三恵社
　　　　　　　〒462-0056 愛知県名古屋市北区中丸町2-24-1
　　　　　　　TEL：052-915-5211
　　　　　　　FAX：052-915-5019
　　　　　　　URL：http://www.sankeisha.com

乱丁・落丁の場合はお取替えいたします。
ISBN 978-4-86693-774-8 C3033 ¥2000E